Chanceland

Le Pouvoir des Runes et des mots Runiques

Retrouvez-nous sur nos réseaux sociaux :

@editions.bussiere

@bussiere_editions

Pour plus d'informations, rendez-vous sur notre site web :

editions-bussiere.com

Nouvelle édition de l'ouvrage « *Le Pouvoir des Runes et des Mots runiques* » – Juil.2013 - ISBN 978-2-85090-452-3

ISBN : 978-285090-851-4

Chanceland

Le Pouvoir des Runes et des mots Runiques

Éditions Bussière
34 rue Saint-Jacques
75005 Paris

Des mêmes auteurs

Chez le même éditeur :

La magie d'aujourd'hui - Le livre des ombres - Février 2011
La bible de la voyance - Novembre 2011
La magie du Sel - Avril 2016
La Magie des Huiles et des encens - Octobre 2015
Pouvoir du Pendule et de la Radiesthésie - Janvier 2021

Un bref historique

Les runes forment une écriture très ancienne dont l'origine se perd, se mélange et se confond entre les mythologies Nordique et Scandinave.

Les premières traces de runes les plus connues ont été retrouvées sur le codex Runicus (fait de parchemin) ainsi que sur la grosse pierre de Jelling (au Danemark). Elles dateraient d'environ l'An I après Jésus-Christ.

Le premier alphabet runique était composé de 25 runes, soit les 24 runes écrites ainsi qu'une rune blanche « dite vierge » sans inscription appelée Wyrdd. Cet alphabet se nomme l'Ancien alphabet runique ou encore le vieux Futhark, nom provenant de la première lettre des six premières runes : Fehu, Uruz, THorn, Ansuz, Raido, Kano.

L'alphabet des runes nordiques représenterait les 24 constellations telles qu'elles apparaissaient aux Vikings de l'époque.

Les runes sont réparties en trois groupes de 8 runes appelés Aettir (qui signifie famille). Chaque groupe porte le nom de la première rune du groupe soit les Aettir de Fehu (ou Freya), Aettir de Hagalaz (ou Hagal) et Aettir de Tyr.

Vers l'an 800 les Anglo-saxons ont réduit le nombre de runes à seize pour faciliter le travail des scribes. Cet alphabet corrigé fut nommé le nouveau Futhark. Cependant à peine deux siècles plus tard, le nombre de runes n'étant plus jugé suffisant il a été rajouté 17 runes soit un total de 33 runes. C'est le nouveau ou jeune Futhark. Et c'est enfin vers l'an 1200 que nous sommes revenus au Futhark à 25 lettres, tel que nous le connaissons et le pratiquons aujourd'hui.

Les runes sont utilisées comme un art divinatoire reconnu et fiable, mais elles peuvent aussi être utilisées en mot runique ayant un taux vibratoire élevé permettant d'influer favorablement sur le cours des événements ou de votre existence, mais toujours pour une utilisation positive (cf. partie 2 de cet ouvrage).

Les runes ont déjà été utilisées de manière négative, perverse et tristement célèbre. Le plus célèbre des dictateurs allemands, A. Hitler, très grand féru d'ésotérisme (voir les recherches sur les origines aryennes ainsi que sur le peuple légendaire de Thulé), se servait des Runes. En effet, les uniformes de la SS portaient sur le revers du col la rune SIG – ᛋᛋ – en double. Celle-ci représente la puissance, le pouvoir, la victoire…

Mais comme chacun le sait quand on est du mauvais côté de la force, au final, on ne peut pas triompher. On parle là de l'effet boomerang, ou du retour d'onde.

Le mot runes en vieux Norois (Norvégien ancien) signifie mystère ou secret. On a également une autre interprétation qui donnerait le sens de murmurer ou parler en secret… Ce qui nous amène directement au mysticisme des runes et surtout à leur origine mythologique.

Selon la mythologie Germano-Scandinave, Odin (ou Wotan chez les peuples Germaniques) serait à l'origine des Runes.

En effet, malgré son air agressif sur les tableaux le représentant, Odin, avait de multiples attributions : Dieu du savoir et des connaissances, Dieu de la victoire et de la mort, mais aussi Dieu de la magie, des oracles et divinations, et de la poésie. Et il représente aussi la chasse et la guerre. Il était vénéré au solstice d'hiver le 21 décembre (Yule).

Odin vivait en Asgard, dans son palais, et afin d'accéder à de nouvelles connaissances spirituelles, il décida de se sacrifier. Il se pendit volontairement, la tête en bas, en se plantant sa lance magique (Gungnir) dans le corps, se rattachant ainsi au frêne cosmique, ou l'arbre du monde Yggdrasill. Il resta « pendu » pendant neuf jours et neuf nuits, puis il reçut les runes en vision.

Cette position du pendu nous rappelle la symbolique de la carte de tarot numéro 12 : le pendu, qui se sacrifie afin d'évoluer et d'atteindre de nouveaux niveaux de connaissances.

Par ailleurs, la méditation de neuf jours et nuits, représente les neuf mois de gestation pour un être humain. Et en numérologie, c'est la finalité et la connaissance, la perfection est recherchée, ainsi que l'aboutissement.

Afin d'approfondir la symbolique des runes, Odin sacrifia son œil gauche à la fontaine Nimir, pour recevoir en plus le don de vision, et ainsi offrir aux hommes, par l'intermédiaire des Druides, les runes divinatoires et de guérison, qui associées forment les mots runiques.

Les Runes, une par une

L'alphabet complet des runes est donc nommé le FUTHARK. Il peut être utilisé sous sa forme alphabétique pour écrire tout simplement, certains y trouvant là un jeu de code bien difficile à déchiffrer pour les incultes des runes. Nous avons même connu un jeune homme dont la maman était inquiète, car son fils écrivait tout en runes. Il se promenait avec un bâton de druide, gravé de symboles runiques. Nous n'avons pu que lui confirmer que son fils avait certainement vécu une vie antérieure en relation étroite avec le monde celtique à l'époque du Futhark, et qu'il avait lié les deux vies lors de sa naissance, d'où son besoin permanent de se représenter dans ce principe druidique.

Chaque rune peut être aussi utilisée pour sa puissance énergétique, dans le cadre du tirage de runes, ou dans l'utilisation des mots runiques.

Pour comprendre les runes, il faut d'abord définir leur valeur. Il existe un bon nombre de très bons livres en la matière qui vous enseigneront les valeurs profondes de chacune des runes. Mais il serait bien difficile de travailler avec un livre, qui serait trop complet dans ses définitions et qui rendrait les lectures très longues. Beaucoup de personnes recherchent la facilité et la rapidité d'utilisation des jeux divinatoires.

Nous allons donc faire très simple dans ce livre.

Vous remarquerez que d'un livre à l'autre les runes ne portent pas exactement le même nom, et parfois, même leur graphisme peut-être différent (à peine). Ce n'est pas une erreur de l'un ou de l'autre des auteurs, c'est simplement que les runes ont voyagé et comme une langue, elles ont évolué avec le temps et leurs destinations. Donc les runes celtiques d'Irlande sont légèrement variables par rapport à celles de Norvège ou même les saxonnes. C'est pourquoi, nous allons vous offrir tous les noms que chaque rune possède, et peut-être en connaissez-vous d'autres encore.

FEHU

ᚠ

Feoh - Fe

Cette rune correspond à la lettre F

FEHU est porteuse de bonnes nouvelles, de bonheur et de richesses. Elle représente aussi la création nouvelle, la naissance, la récolte, le nouveau. Elle parle également d'élévation spirituelle et de l'âme grandissante.

Amour

Droite : Rencontre importante. Grand amour. Idylle de qualité. Bonheur conjugal. Naissance.

Renversée : Difficultés de relation. Séparation ou rupture. Perte d'un enfant, ou fausse couche.

Argent

Droite : Richesse. Réussite. Une belle rentrée d'argent doit arriver. Fin des soucis financiers.

Renversée : Perte financière. Période difficile. Budget restreint. Manque d'argent.

Travail

Droite : Un nouvel emploi possible. Fonctions gratifiantes. Meilleure situation. Promotion. Création d'une entreprise. Réussite.

Renversée : Évolution défavorable de la situation professionnelle. Perte d'emploi. Difficultés avec la hiérarchie. Rétrogradation.

Santé

Droite : Bonne santé. Guérison. Excellentes prévisions.

Renversée : Problème de santé. Maladie. Hospitalisation. Santé mentale à surveiller.

URUZ

ᚢ

Ur – Urus – Our

Cette rune correspond à la lettre U

URUZ, c'est le taureau, la force, le bélier qui fonce et trace le chemin. Cette rune annonce le dépassement de soi-même et des limites imposées.

Amour

Droite : La relation existante ou la rencontre attendue ne sont basées que sur l'attraction physique. Amélioration de la relation possible. Recherche d'harmonisation favorable.

Renversée : Période de solitude à prévoir. Découragement face à ce que vous vivez.

Argent

Droite : Vous allez mener les actions nécessaires à votre amélioration financière. De bonnes nouvelles vous feront vous dépasser.

Renversée : Retards dans les prévisions. Pas de surplus à prévoir. Soyez prudent financièrement et budgétez au mieux.

Travail

Droite : Il faut convaincre la hiérarchie pour recevoir une promotion. Encore des efforts à fournir pour réussir, mais vous êtes sur la bonne voie.

Renversée : Il faut faire plus d'effort encore. Vous ne serez pas reconnu pour votre valeur. Difficultés à vous élever.

Santé

Droite : La guérison est programmée. La lutte pour une bonne santé est favorable. Résultats positifs.

Renversée : Baisse de tonus. Fatigue générale. Déprime.

THORN

ᚦ

Thurisaz
Turisaz - Thurn

Cette rune correspond à la lettre TH

THORN représente l'épine dans le pied, le grain de sable dans le rouage, la difficulté qui empêche que tout soit parfait. Mais c'est parfois l'obstacle que l'on voit et que l'on ne sait pas contourner pour avancer. Cette rune oblige à la réflexion sur soi-même.

Amour

Droite : Votre situation ne correspond pas à ce que vous voulez, mais vous ne savez pas comment y remédier. Difficultés passagères. Relations tendues. Disputes. Décision à prendre.

Renversée : Ne décidez rien sur un coup de tête. Sensibilité accrue.

Argent

Droite : Difficulté passagère. Un petit manque financier vous empêche de boucler une affaire. Décision à prendre.

Renversée : Une mauvaise décision pourrait vous mettre en difficulté. Ne prêtez pas d'argent si vous êtes déjà trop juste, vous en subiriez les conséquences.

Travail

Droite : Problème de compréhension ou de relationnel. Manque de discernement. Blocage temporaire. Décision à prendre.

Renversée : Vous vous sentez incompris et votre entourage vous rejette. N'agissez pas impulsivement. Analysez la situation à tête reposée. Cherchez une solution au lieu d'attendre.

Santé

Droite : Petit problème passager. Prise de tête pour un petit problème. Déprime saisonnière.

Renversée : Les remèdes semblent inefficaces, soyez patient. Fatigue sans raison apparente.

ANSUZ

ᚨ

Os - Ansur - Ass

Cette rune correspond à la lettre A et à la lettre O

ANSUZ parle de la connaissance, celle que l'on a acquise et celle qu'on a encore à assimiler. Reliée au Dieu Odin, elle évoque la sagesse du mage ou du patriarche familial. On l'associe au temps et à la tempérance.

Amour

Droite : Une relation sage sans grande passion. Équilibre et bienséance. Bonheur simple. Une famille équilibrée.

Renversée : Demandez conseil à un professionnel, ou à une personne sage. Positivez votre relation pour en voir les meilleurs côtés.

Argent

Droite : Vous avez fait une action qui portera ses fruits. La patience saura vous récompenser. De l'argent à entrer de manière régulière.

Renversée : Servez-vous de votre expérience pour ne pas recommencer les mêmes erreurs. Trop de réflexion porte parfois préjudice.

Travail

Droite : Reprise des études. Formation. Stage. Tout ce qui pourra vous permettre d'évoluer et d'être promu.

Renversée : Évitez les conseilleurs inexpérimentés. Cherchez l'aide des anciens, des personnes ayant de l'expérience en la matière ou simplement de vos supérieurs.

Santé

Droite : Soyez plus responsable avec votre santé. Une bonne hygiène de vie sera un gage de bonne santé.

Renversée : Si vous êtes malade, consultez les bonnes personnes. Les apprentis sorciers ne sont pas tous des guérisseurs.

RAIDO

R

Raidho - Rad Rado - Reidh

Cette rune correspond à la lettre R

RAIDO représente le changement, l'avancée, l'évolution, le progrès. Mais c'est aussi le principe du renouveau. Les choses changent, rien n'est immuable. On dit par RAIDO que la roue tourne. Cette rune représente aussi le chemin vers l'autoréalisation, la maîtrise de soi et de son monde.

Amour

Droite : Des améliorations sont à prévoir dans votre relation. Si vous êtes célibataire, il est possible que vous ayez l'opportunité de voir une connaissance s'intéresser à vous, ou que vous-même soyez intéressé par quelqu'un de votre entourage.

Renversée : Vous aimeriez que les choses changent, mais rien ne semble vouloir vous être positif. Ne soyez pas obtus et acceptez que ce soit ainsi, ou chargez-vous, vous-même, du changement que vous voulez.

Argent

Droite : Vous allez enfin voir venir de meilleurs moments. Votre capacité financière va s'améliorer sous peu. Rentrée d'argent possible.

Renversée : Vous aurez l'impression que rien ne va plus, que tout est bloqué. Il va falloir vous armer de patience et attendre des jours plus propices. Des retards sont à prévoir.

Travail

Droite : Possibilité d'un changement d'emploi, d'un nouveau travail. Ce n'est pas obligatoirement une promotion, mais certainement un travail plus gratifiant pour vous.

Renversée : Vous attendiez une réponse, une promotion, mais rien ne viendra pour l'instant. Un projet est à garder sous la main et à ne ressortir qu'un peu plus tard. Soyez discret.

Santé

Droite : Si vous ou un membre de votre entourage avez une maladie, vous allez enfin recevoir une bonne nouvelle. La guérison, ou du moins une amélioration sont au rendez-vous.

Renversée : Problèmes de santé à l'horizon. Prenez-vous en main rapidement pour limiter leur proportion. Allez consulter si nécessaire.

KANO

<

Ken – Kenaz – Kehaz
Kan – Kaunan – Cen

Cette rune correspond à la lettre K

KANO c'est l'illumination, la lumière, la compréhension, l'ouverture d'esprit. C'est la rune de la confiance et de l'aide mutuelle. C'est une rune qui annonce que vous serez guidé dans votre cheminement, mais que vous pouvez aussi devenir le guide pour d'autres. Renversée, elle s'ouvre vers la gauche **>**.

Amour

Droite : Enfin vous allez rencontrer la bonne personne ! Si c'est déjà le cas, vous allez pouvoir améliorer votre relation grâce à la compréhension subtile de vos blocages actuels. Vous pouvez espérer de bons moments.

Renversée : La solitude vous pèse et vous savez que vous avez encore un moment à la vivre. Gardez l'espoir, rien n'est immuable. Si vous êtes en couple, vous aurez des moments d'incompréhension, de troubles, voire même une rupture.

Argent

Droite : Vous allez trouver les solutions, régler les problèmes et améliorer très sensiblement la situation. Bonnes intuitions de placement.

Renversée : C'est dur de vivre sans savoir de quoi sera fait demain. Vous avez la sensation de ne pas voir la sortie, mais la lumière viendra bientôt à vous. Risque de pertes financières ou de biens.

Travail

Droite : Vous allez avoir une réponse positive à votre souhait le plus cher professionnellement. Votre projet sera une bonne réussite. Pour un chercheur cette rune signifie « Eureka ! ». C'est vous qui aurez les solutions.

Renversée : Des difficultés sont à prévoir. Vous ne possédez pas une bonne cote en ce moment et il serait préférable de vous effacer quelque temps. Votre emploi est à risque.

Santé

Droite : Bonne vitalité. Bonne santé. Vous saurez venir à bout de tout problème vous-même.

Renversée : Fatigue générale. Mental fragilisé. Des difficultés morales ou mentales. Perte de confiance en soi.

GEBO

ᚷ

Gyfu - Geofu - Gift

Cette rune correspond à la lettre G

GEBO représente un don ou un cadeau. Lorsque l'on donne, c'est une façon de donner une part de soi. Ce peut être un simple don, un partage ou même un sacrifice. Lorsque l'on reçoit, ce peut être un bénéfice, un gain, un partage ou même une véritable offrande de quelqu'un qui se sacrifie pour vous. Cette rune n'a pas de sens inversé.

Amour

Vous pourriez recevoir un cadeau, ou une belle déclaration. Votre relation est valorisée par des actions qui vous rendent heureux. Vous pourriez croiser l'âme sœur. Ou peut-être avez-vous l'impression que vous donnez trop ou que vous en faites trop et vous en souffrez. Cessez de reprocher aux autres vos actes volontaires et rééquilibrez simplement les choses.

Argent

Vous pourriez gagner ou recevoir une belle somme d'argent qui sera la bienvenue. C'est le moment de jouer ou de vous inquiéter de ce qu'on vous doit, car la période est propice au paiement des dus. Aussi, il se peut que vous soyez sollicité financièrement, et il est peut-être temps de délier les cordons de votre bourse.

Travail

On pourrait bien vous offrir le poste dont vous rêvez. Saisissez l'occasion. Un projet de valeur vous sera proposé. Vous serez la personne à qui on offrira la bonne opportunité.

Santé

Enfin une bonne solution qui vient s'offrir à votre santé. Vous avez découvert un nouveau programme santé, et bien c'est le moment de le tester, il ne peut vous faire que du bien. Si une personne de votre entourage a des problèmes de santé, il est peut-être temps de prendre votre courage en main et d'agir, pour vous ou pour celui qui en a besoin.

WUNJO

ᚹ

Wynn - Winja Wend

Cette rune correspond à la lettre W

WUNJO c'est le bonheur et les petits bonheurs de la vie quotidienne. Elle apporte le résultat et le retour positif de nos bonnes actions. Elle représente la vie de tous les jours dans son bien-fondé.

Amour

Droite : Pour les couples, il n'y a pas d'inquiétude à se faire. Tout va normalement, doucement, tranquillement, sans grand événement à prévoir à court terme. Les célibataires pourraient bien commencer une relation simple et heureuse.

Renversée : Des tracas de tous les jours. De petites disputes qu'il faut régler rapidement pour ne pas laisser les choses s'envenimer. Un échec dans une relation débutante ou une toute nouvelle relation que vous savez déjà sans avenir.

Argent

Droite : Les comptes se stabilisent et laissent entrevoir un avenir équilibré et bien budgété. Vous êtes sur la bonne voie. Vous pourriez même avoir un bénéfice inattendu.

Renversée : Quelques difficultés viennent s'installer, ou persistent. Il faut prendre votre mal en patience et faire les actions nécessaires, en gardant un esprit positif, pour vous en sortir. Attention aux petites arnaques.

Travail

Droite : Vous voilà arrivé dans une ère de bien-être professionnel. Vous allez enfin réussir à vous entourer des bonnes personnes et des bonnes affaires.

Renversée : Des conflits d'intérêts se font ressentir autour de vous et vous aurez de la difficulté à vivre les choses sereinement. On veut vous évincer. Vous craignez pour votre sécurité professionnelle.

Santé

Droite : Bonne santé en général. Si vous avez des petits soucis de santé, ils s'effaceront bien rapidement.

Renversée : Quelques petits soucis de santé, mais rien de bien grave. Prenez soin de vous dès maintenant.

HAGALAZ

N

Hagel - Hagall
Hoegl - Hagl
Haglaz

Cette rune correspond à la lettre H

HAGALAZ annonce des mouvements brusques auxquels il faudra s'adapter. La puissance du mental est fortement sollicitée, car il ne s'agit pas de s'apitoyer sur son sort ou de révolutionner le destin, mais simplement de prendre en compte les avertissements ou les événements et d'y trouver son compte. Cette rune n'a pas de sens inversé.

Amour

Des rebondissements, des déclarations enflammées pouvant aller jusqu'à la demande en mariage dans un moment inattendu ou dans un lieu imprévisible. Célibataires, attention, l'amour ne prévient pas quand il arrive. Si votre couple vivait des moments tendus dernièrement, vous risquez qu'un des deux prenne une décision spontanée et irréfléchie pouvant s'avérer douloureuse. Les célibataires ne devraient pas tenter d'approche en ce moment, car ils risquent un refus brutal.

Argent

La bonne affaire, la bonne aubaine, le coup du siècle pourrait se présenter. De la même manière, vous pourriez vous faire avoir pour une affaire qui semblait intéressante à faire rapidement et qui vous fera perdre de l'argent. Prenez votre temps et ne brusquez rien.

Travail

De grandes transformations pourraient survenir rapidement. Vous aurez peur de ne pas être capable de suivre, mais si vous restez là, vous n'aurez aucun bénéfice des changements. Soyez réfléchi, mais agissez.

Santé

Guérison spontanée, annonce d'une maladie grave avec action médicale immédiate, membre cassé, hospitalisation, tout est possible, et sera aussi subit que brutal.

NAUTHIZ

ᚾ

Naudiz - Nyd
Nied - Naudh

Cette rune correspond à la lettre N

NAUTHIZ est la rune de la sagesse qui appelle à la réflexion de la nécessité avant toute action. Vous devez éviter de vous investir de façon irréfléchie et sans besoin réel. Si vous vous laissez entraîner par l'avidité ou la cupidité, vous en paierez le prix. Cette rune n'a pas de sens inversé.

Amour

Les relations faciles ne sont pas celles qui vous apporteront le bonheur à long terme. Il est parfois plus sage de rester dans ce que l'on connaît plutôt que de répondre à des idéologies irréalisables ou sans fondement. Aussi, collectionner les relations ne vous promet pas la rencontre de l'âme sœur.

Argent

Il n'est pas temps d'agir à la légère. Réfléchissez et mesurez vos besoins. Ils sont quantifiables. Restez dans la réalité du possible sans vouloir avoir plus que ce dont vous avez besoin. Le temps viendra où vous pourrez spéculer pour avoir plus.

Travail

Si vous ne vous plaisez plus dans votre emploi, il faut prévoir d'en changer pour faire quelque chose que vous aimerez mieux. Mais ne faites aucune action sur un coup de tête, car ça ne serait pas profitable. Prenez le temps de mûrir un véritable projet qui vous mènera à la réussite professionnelle. Méfiez-vous des offres mirobolantes qui pourraient cacher un vice.

Santé

C'est chaque jour que l'on prend soin de sa santé et que l'on peut améliorer son potentiel physique. Il est toujours temps de se reprendre en main pour une meilleure santé.

ISA

ᛁ

Is - Isaz - Tisa

Cette rune correspond à la lettre I

ISA représente le blocage, la limite atteinte. Pour avancer ou aller plus loin, ouvrez votre esprit et apprenez à voir les choses différemment. Soyez opportuniste et prenez les choses dans le meilleur de ce qu'elles peuvent vous offrir. Cette rune n'a pas de sens inversé.

Amour

Rien ne va plus. Vous ne savez plus comment faire avancer les choses, ou modifier votre situation. Ce que vous vivez ne vous convient plus. Faites une analyse de ce que vous avez et de ce que vous attendez, vous trouverez sûrement une réponse, un début de solution.

Argent

Vous avez la sensation que votre situation est irréversible, que vous avez atteint les limites du possible et que vous ne pouvez plus avancer. Laissez de côté ce que vous savez et cherchez dans les conseils et les offres que vous n'aviez jamais considérés jusque-là.

Travail

Changer votre situation professionnelle semble impossible. Vous êtes bloqué dans un système qui vous empêche d'avancer. Ne baissez pas les bras maintenant, mais ne vous évertuez pas à forcer les portes non plus. Un bilan de votre situation est nécessaire afin de définir vos vrais objectifs et les actions à entreprendre pour les réaliser. Une action à la fois et la solution viendra à vous.

Santé

Si vous connaissez des difficultés de santé et que vous semblez ne pas trouver le chemin de la guérison, cela veut dire que vous ne connaissez pas les capacités de votre esprit. Une recherche métaphysique vous permettra de comprendre votre maladie et d'offrir à votre corps une aide précieuse de l'esprit pour reprendre la voie de la guérison.

JERA

Ger - Gar

Cette rune correspond à la lettre J

JERA nous dit que la vie est un destin que nous suivons, mais dans lequel nous devons choisir les chemins de notre évolution, et en récupérer les résultats. À chaque moment de notre vie, nos choix se font différents et nous devons accepter nos choix du passé pour mieux faire ceux du futur. Cette rune n'a pas de sens inversé.

Amour

Ce que vous vivez est la conséquence de vos choix antérieurs. Vous pouvez modifier votre destin pour vivre une relation agréable et plus conforme à vos aspirations. Pour cela, il vous faudra faire preuve de patience et de persévérance.

Argent

À toute situation il y a une solution. Laissez le temps agir en votre faveur. Faites des actions réfléchies et pouvant apporter des solutions à long terme. Rien ne peut être immédiat.

Travail

N'espérez pas des bouleversements radicaux. Il faut faire des actions pour voir des évolutions et des changements.

Vous avez ce pouvoir et vous devez en prendre conscience dès maintenant.

Santé

La guérison peut parfois prendre du temps. Laissez à votre corps ce temps nécessaire, et donnez-lui les forces physiques et mentales pour y arriver.

EOH

ᛇ

Ihwaz - Ehwaz
Iwhar

Cette rune correspond à la lettre Y

EOH c'est la fin d'une chose, d'une situation, une mort qui permet une renaissance. Elle serait dans le tarot représentée par l'Arcane sans nom. Elle annonce que le début et la renaissance de toute chose passe d'abord par la mort et la fin d'une autre. Cette rune n'a pas de sens inversé.

Amour

La fin d'un amour donne la vie à un autre. Il se peut que ce que vous vivez arrive à sa fin dans la forme que vous connaissez pour laisser la place à une nouvelle situation qui sera plus favorable à votre bonheur.

Argent

La situation que vous vivez, qu'elle soit bonne ou mauvaise, pourrait connaître une fin. Si vous êtes argenté, soyez donc prudent, car il se pourrait que vous subissiez un revers de médaille vous amenant des difficultés financières. Pour les moins fortunés, une nouvelle vie plus aisée va enfin s'offrir à vous.

Travail

Vous arrivez à la fin de votre contrat. Vous allez changer de situation professionnelle. Soyez assez perspicace pour que ce changement soit positif et vous apporte un avantage réel.

Santé

Une bonne santé peut cacher une maladie. Vous devriez faire un bilan complet. Et si vous connaissez déjà les affres de la maladie, soyez heureux de savoir que la rémission est possible.

PEORTH

ᛈ

Perthro

Cette rune correspond à la lettre P

PEORTH met en garde le consultant sur l'apparence des choses, que ce soit pour montrer ce que l'on n'est pas ou dans le risque d'être floué par ce que l'on croit, mais qui n'est pas. En clair « Tout ce qui brille n'est pas or ». Ne vous fiez pas aux apparences et soyez plus perspicace pour déceler la vérité ou le vrai visage de l'autre. Si c'est vous qui fraudez, cette rune vous met en garde contre le risque d'être dévoilé.

Amour

Droite : Vous aurez la chance d'être avec des personnes vraies et honnêtes. Soyez vous-même et profitez d'une relation sincère.

Renversée : Attention aux apparences trompeuses. Vous pourriez être surpris par la face cachée de votre partenaire. Une rencontre à risque se présente à vous.

Argent

Droite : Vous pourriez gagner plus que vous n'espériez dans une affaire. Soyez plus attentif aux avantages qui se présentent à vous de manière détournée.

Renversée : On vous fait miroiter de l'or alors que vous n'avez devant vous que de la pyrite. Soyez plus prudent pour ne pas investir et perdre de l'argent dans de mauvais placements.

Travail

Droite : Quelle belle opportunité vous pourriez avoir ! Ouvrez donc les yeux et cessez de ne voir que les côtés sombres. Votre potentiel de promotion ou d'augmentation est supérieur à vos prétentions actuelles. Revalorisez-vous.

Renversée : N'espérez pas d'avancement, même si on vous fait croire que ce serait possible. Ce ne sont que des mirages.

Santé

Droite : Si l'apparence n'est pas bonne, la réalité est prometteuse. Gardez en tête que votre corps est votre allié, alors prenez-en soin.

Renversée : Il serait peut-être temps de faire un bilan complet. Une fatigue passagère cache peut-être un petit problème de santé physique ou mentale.

ALGUZ

ᛉ

Elhaz - Eolh - Algiz

Cette rune correspond à la lettre Z

ALGUZ représente l'évolution spirituelle et mentale que nous avons. Il faut trouver un équilibre dans toutes choses et il est important de ne pas délaisser toute une partie de nous ou de notre vie pour ne s'attacher qu'à l'autre, que ce soit du côté spirituel ou matériel. Les obstacles jonchent notre quotidien pour nous permettre de faire les bons choix régulièrement et reprendre le bon chemin aussi souvent que nécessaire.

Elle est aussi considérée comme une rune de grande protection.

Amour

Droite : Une vraie passion trouve son équilibre dans une relation mentale, émotionnelle, physique, spirituelle et matérielle. Si l'un de ces éléments est manquant, il faut vous atteler à créer l'équilibre.

Renversée : Vous vous perdez dans un véritable désordre affectif. Vous ne pouvez pas vivre ce que vous n'aimez pas en vous efforçant de croire que c'est cela l'amour. Pensez d'abord à vous et le reste reprendra sa place.

Argent

Droite : Il est évident que vous devez vous atteler à garder un bon équilibre dans votre budget. Vous avez une bonne capacité de gestion, vous permettant la régularité avec des extras mérités.

Renversée : Penser trop à l'argent est une erreur qui vous mènerait à perdre de vue l'essentiel dans votre vie. Ne pas vouloir d'argent est une utopie que seuls les ermites peuvent se permettre. Il est grand temps de rendre sa valeur et sa place à chaque chose.

Travail

Droite : Vous avez une capacité de travail au-delà de la normale. Ou bien est-ce que vous aimez travailler tout simplement ? Restez vigilant à ne pas donner à votre travail une trop grande place dans votre vie.

Renversée : Si vous vous retrouvez avec un vrai vide autour de vous, c'est peut-être dû au fait que vous avez donné à votre travail une place bien trop grande. Le travail est important, mais si vous ne pouvez pas profiter de ses fruits, quel en est son objectif alors ?

Santé

Droite : Vous avez la chance d'avoir une bonne santé. Si vous souffrez en ce moment, vous saurez trouver les bons moyens pour redonner à votre corps l'énergie de guérison.

Renversée : Des abus, des excès, et voilà que vous avez mis votre santé en péril. Il serait grand temps de devenir raisonnable et d'offrir à votre organisme une pause.

SIG

ᛋ

Syg - Sigel - Sigil
Sowilo - Sol

Cette rune correspond à la lettre S

SIG représente la force intérieure, le subconscient et l'inconscient qui nous permettent d'aller chercher le pouvoir à l'intérieur de nous-mêmes. C'est une rune de puissance, de réussite et de pouvoir. Elle annonce des améliorations dans tous les domaines pour lesquels elle est consultée. Elle est aussi un symbole d'éveil spirituel. Cette rune n'a pas de sens inversé.

Amour

Vous avez le pouvoir de créer votre bonheur et la réussite de votre vie émotionnelle en saisissant les bonnes occasions qui se présentent à vous et en apaisant vous-même toutes les tensions qui pourraient déjà exister. Vous avez le pouvoir de votre éveil sentimental.

Argent

Une amélioration significative se présente qui pourrait vous apporter bien des satisfactions. Vous avez l'opportunité de faire de bonnes actions financières, ayez confiance en vous.

Travail

Si vous avez l'espoir d'une nouvelle carrière, alors il est temps d'agir, car vous allez pouvoir avoir une chance d'un nouvel emploi, d'une promotion, d'une opportunité de carrière. Mais SIG étant la rune du pouvoir, il vous faut agir pour avoir ce résultat. Postulez, demandez, actionnez, faites tout ce qui est possible pour vous faire connaître.

Santé

Amélioration, guérison, possibilité de guérison spontanée, tout est possible, tout est permis avec cette rune. La force est en vous et vous avez le devoir de l'utiliser pour votre bien-être.

TYR

Teiwaz – Tewaz

Cette rune correspond à la lettre T

TYR est la rune de l'élévation et la puissance. Une force qui peut être physique, mentale, spirituelle. Elle représente le courage et la volonté dans la société, dans le travail, par rapport au monde qui nous entoure. Elle est un véritable bouclier contre la malchance et le risque d'échec. Toutes ces valeurs sont actives lorsque la rune est droite. Renversée, elle ne signifie pas exactement son contraire, mais elle annonce qu'il faut être plus prudent et prendre son temps pour retrouver le chemin de l'évolution positive.

Amour

Droite : C'est un excellent présage pour l'amour, car elle signifie la fidélité, l'amour sincère et durable et les possibilités de projets ensemble.

Renversée : Soyez prudent dans votre relation, car vous pourriez faire peur à votre partenaire. Votre confiance peut-être déstabilisante. Un peu de patience permettra une meilleure acceptation. Risque de rupture.

Argent

Droite : Vous savez que vous avez raison dans vos choix et votre façon de faire les choses, et vous pouvez avoir confiance en vous. Vos réussites seront les preuves de votre excellence.

Renversée : Prenez le temps d'analyser et de décortiquer les choses avant de vous lancer et d'investir vos finances. Un peu plus de scepticisme pourrait vous aider à éviter les écueils. Attention au risque de perte financière.

Travail

Droite : Foncez et croyez en vous, vous avez des capacités, peut-être au-delà de ce que vous imaginez. Les autres comptent sur vous et vous allez leur apporter le soutien dont ils ont besoin.

Renversée : Soyez un peu plus perspicace sur les intentions pas toujours bien honnêtes de votre entourage professionnel. On ne vous aidera pas et on peut même vous pousser vers le bas. Vos capacités dérangent parfois.

Santé

Droite : La force est en vous et vous allez chercher tout ce qui est à l'intérieur de vous pour que votre santé soit votre meilleure alliée pour les années à venir.

Renversée : Baisse de tonus et risque de maladie ou d'accident. Ne prenez pas de risque avec votre vie ni avec votre santé en ce moment.

BERKANA

ᛒ

Beorc - Berkano Berkanan

Cette rune correspond à la lettre B

BERKANA est la rune de la créativité, de la naissance et de la nouveauté. Elle représente la beauté, du physique et l'apparence extérieure. Elle invite le monde à voir et à regarder ce qui est beau et réussi. Elle est aussi la rune de l'union et de l'association. À l'inverse, elle prévient que l'adage « tout ce qui brille n'est pas or » est très vrai et qu'il faut rester prudent sur les apparences.

Amour

Droite : C'est l'aboutissement de l'espoir amoureux, soit par une rencontre parfaite, soit par un mariage, voire même une naissance. C'est aussi un renouveau dans la relation. Selon où vous vous situez dans votre vie amoureuse, vous savez quelle suite vous annonce cette rune.

Renversée : Présage peu agréable de disputes, de séparation et même d'une fausse couche. Dans le pire des cas, on attendra un deuil.

Argent

Droite : Vous allez pouvoir espérer des retombées de vos placements ou de votre travail. Enfin une amélioration financière qui sera bienvenue. Arrivée d'argent.

Renversée : Ne faites pas confiance à n'importe qui en matière d'argent, vous risquez la filouterie. Si vous avez prêté de l'argent, vous avez peu de chance de le récupérer. Perte d'argent.

Travail

Droite : Création d'entreprise, association, démarrage d'un projet, etc. Tout se présente sous les meilleurs auspices. Si vous avez un projet, c'est le moment de le réaliser.

Renversée : Pas d'association, pas de projet commun, rien ne pourra se faire correctement. Et de grâce, si vous avez un projet, gardez-le pour vous, sinon vous risquez de vous faire dépasser.

Santé

Droite : Une bonne santé. Vous avez le tonus et la vigueur nécessaire pour entreprendre tout ce qui vous tient à cœur. Grossesse possible.

Renversée : Vous ne vous sentez pas vous-même en ce moment. Risque de maladie psychologique et de fatigue mentale. Interruption de grossesse.

EHWAZ

ᛗ

Eh - Ior

Cette rune correspond à la lettre E

EHWAZ vous rappelle que la vie n'est pas un long fleuve tranquille... Elle vous apporte le changement, le déménagement, le mouvement. La roue tourne et ce que vous vivez actuellement n'est pas définitif. Tout peut changer en mieux ou en moins bien, si vous n'y prêtez pas garde. Soyez donc attentif à votre vie et à ce qu'elle peut vous apporter.

Amour

Droite : Vous vivez ou allez vivre une belle histoire d'amour. Vous pourriez rapidement emménager avec l'élu(e). Essayez tout de même de ne rien brusquer, les choses sont si fragiles...

Renversée : Votre émotivité pourrait être à l'origine des problèmes que vous rencontrez. Vous avez tendance à faire confiance trop facilement et à croire à tout, parce que ça vous fait du bien. Aujourd'hui, vous en payez les conséquences.

Argent

Droite : Les choses changent et vous allez enfin sortir la tête de l'eau pour de bon. Votre situation financière va nettement s'améliorer.

Renversée : Soyez prudent, car l'argent, ça va, ça vient... Vous pourriez souffrir d'un manque d'argent prochainement. Mais heureusement que rien ne dure là non plus.

Travail

Droite : Le changement de poste, la modification du contrat, la petite promotion espérée, ou votre projet va voir le jour, bref vous allez enfin avoir ce que vous attendiez depuis si longtemps. Ne vous emballez pas et prenez les choses avec tempérance.

Renversée : Du retard dans la réalisation de vos attentes. Tout vient à point à qui sait attendre. Le moment est à la patience et à l'introspection. Petite déception.

Santé

Droite : Vous avez du stress, de la nervosité, de l'anxiété peut-être. Le moment est venu de vous prendre en charge et de faire les actions nécessaires pour guérir tout cela.

Renversée : Votre santé pourrait pâtir d'une accumulation de stress, d'anxiété, d'angoisse. Vous risquez la dépression si vous ne ralentissez pas la vitesse du « petit vélo dans votre tête ».

MANNAZ

ᛗ

Man - Madh

Cette rune correspond à la lettre M

MANNAZ représenterait l'homme au sein de son foyer. Cette rune est surtout la rune de la famille, celle que l'on reçoit à la naissance, mais aussi celle que l'on choisit, ainsi que les amis très proches. Elle trace le lien qui unit les personnes, mais aussi le besoin d'être indépendant des autres pour rester responsable de ses choix et de ses décisions. Cette famille nous apporte du bonheur et des ressources, mais peut parfois être source de conflits et de difficultés.

Amour

Droite : Une solide relation avec pour bases le foyer et la famille. Des projets d'avenir qui semblent être liés à la création d'une famille. Des enfants devenus grands qui partent pour devenir des adultes et créer leur propre fondement familial.

Renversée : Une fissure dans le cercle familial. La confiance a été rompue et il va falloir trouver des compromis pour recoller les morceaux. Une relation au travail n'est que rarement saine.

Argent

Droite : Vous devriez faire plus confiance en votre entourage qui vous conseille avec amour, pour le meilleur. Vous recevrez l'aide financière attendue de vos proches. Héritage ou argent venant de la famille.

Renversée : Prenez donc un peu plus de courage pour décider vous-même de vos actions financières. Vous n'avez pas de comptes à rendre à votre entourage. Et puis les conseilleurs ne sont pas les payeurs. Dépense imprévue pour le foyer. Attention aux paiements en retard, ils se payent cher.

Travail

Droite : Possibilité d'une affaire ou d'un projet familial qui pourrait naître. Vous pouvez espérer travailler avec un membre de votre famille, ou recevoir l'appui de votre entourage pour décrocher un contrat. Possibilité de décrocher un poste supérieur.

Renversée : Méfiez-vous des associations avec la famille ou les amis trop proches. On s'entend bien au début, puis on découvre son monde sous un autre jour. Un conflit pourrait naître pour une question de travail. Conflit avec un supérieur.

Santé

Droite : Vous aurez toujours le soutien de vos proches dans toutes les difficultés de santé que vous pourriez rencontrer. Profitez de ces personnes qui vous envoient tant d'énergie.

Renversée : Risque de maladie génétique. Maladie d'un proche.

LAGUZ

ᛚ

Lagu - Laukaz

Cette rune correspond à la lettre L et à la lettre C

LAGUZ représente les voyages et les déplacements. C'est la rune de la femme. Elle est reliée à l'eau et à l'immersion dans le monde initial, à la source. Elle est le symbole de l'intuition et de la conscience.

Amour

Droite : Une femme pourrait être à la source de votre bonheur. Vous pourriez bien rencontrer l'amour avec une personne étrangère ou lors d'un voyage. Une escapade en amoureux serait bénéfique.

Renversée : Vous vous éloignez l'un de l'autre. La distance physique fait naître la distance du cœur, il faut vous rapprocher de votre conjoint. Mettre un peu d'espace entre vous peut être une bonne chose si vous êtes trop fusionnels.

Argent

Droite : De l'argent ou un héritage pourrait arriver de l'étranger. Vous risquez de devoir vous déplacer pour aller récupérer une somme d'argent. Votre souhait de partir en voyage ou d'acheter une voiture sera exaucé, vous trouverez le financement.

Renversée : Vous avez l'impression que votre argent vous fuit. Vous dépensez plus que vous ne gagnez... Cessez de vous éparpiller dans des dépenses dont vous n'avez pas les moyens. Annulez vos prochaines vacances et redressez la barre.

Travail

Droite : Un déplacement important ou un voyage sera lié au travail. Vous pourriez aussi recevoir une offre d'emploi loin de chez vous. Vous pourriez avoir un contrat qui a une relation avec l'eau ou avec l'intuition.

Renversée : Annulation d'un voyage d'affaires important. Vous devriez suivre un peu plus votre intuition professionnelle pour éviter les écueils. Risque d'échec de contrat.

Santé

Droite : Un déplacement est à prévoir pour des raisons de santé.

Renversée : Problèmes de mémoire ou de vivacité d'esprit.

INGUZ

Ing - Ihgwaz

Cette rune correspond à la lettre NG

INGUZ annonce la fin d'un cycle. C'est l'accomplissement d'un projet, d'une œuvre, d'une action qui voit maintenant le fruit naître. C'est le bout du tunnel dont on sort aveuglé : la lumière régénératrice et salvatrice. C'est la guérison d'un cycle difficile, voire négatif. Cette rune n'a pas de sens inversé.

Amour

Vous allez enfin entrer dans une ère nouvelle dans laquelle la relation amoureuse sera porteuse de bonheur et d'accomplissement. Naissance d'un bébé. Mariage. Réalisation de projets à deux. Et si vous avez fait le tour de votre histoire, le moment est venu de vous en libérer avec positivité et bon sens.

Argent

Enfin la fin de la période de récession. Vous allez voir une belle amélioration de votre situation financière. Les placements seront honnêtes et bien équilibrés.

Travail

Vous espériez depuis bien longtemps une promotion, un avancement, une amélioration de votre situation professionnelle, et bien vous voilà arrivé au bout de l'épreuve et vous allez récolter ce que vous méritez. Vos projets vont voir le jour et avoir de bonnes énergies pour réussir.

Santé

La guérison est là et vous tend les bras. Il faut prendre soin de votre corps et de votre esprit dès maintenant afin de consolider la bonne santé.

DAGAZ

ᛞ

Daeg - Dag

Cette rune correspond à la lettre D

DAGAZ est une rune de spiritualité qui vous emmène vers les extrêmes, positifs et négatifs, afin de vous obliger à trouver votre juste milieu et à faire les choses de façon équilibrée et positive. Il faut oser avancer pour découvrir et enfin faire évoluer les choses. Cette rune n'a pas de sens inversé.

Amour

Vous êtes dans une période où le changement semble inévitable. Vous devez faire les actions pour faire évoluer votre situation et trouver les bonnes solutions. Vous pensez que le pire est à votre porte, alors ouvrez et voyez par vous-même.

Argent

Soit vous êtes satisfait de votre situation et n'osez pas aller plus loin, soit vous n'êtes pas satisfait, mais n'osez pas prendre des risques. Si vous ne bougez pas, vous n'aurez rien de plus. Il est temps de prendre les initiatives et de faire bouger les choses pour réactiver ce qui semble s'endormir.

Travail

La période semble morose et ne vous donne pas entière satisfaction. Vous pourriez bien avoir mieux, mais il vous faut faire les actions nécessaires à ce mouvement. Si vous restez cloîtré dans votre monde, vous n'ouvrirez alors aucune porte aux opportunités. Cessez de vous rassurer et bougez.

Santé

Il se pourrait que vous subissiez à nouveau un mal déjà connu de vous. Il serait temps de vous documenter afin de découvrir quel est cet état de pensée qui vous ramène encore vers cette maladie. La guérison du mental et la guérison du corps sont liées.

ODAL

ᛟ

Othel - Othila
Odahl

Cette rune correspond à la lettre O et à la lettre EE

ODAL c'est le karma. Mais il est aussi la grande symbolique des ancêtres, de l'enracinement, de la connaissance, bref de tout ce qui nous vient du passé et de notre culture. Il représente aussi ce que l'on reçoit en héritage financier ou moral. Il est la recherche intérieure, l'introspection et la découverte de vos propres vérités. Odal, c'est votre base de lancement, c'est votre force, votre savoir, ce qui vous aide à réaliser cette vie.

Amour

Droite : La vie de famille est active ou va le devenir. Les relations sont bonnes et vous pouvez compter sur votre entourage familial. Et pensez que savoir donner c'est aussi savoir recevoir, et inversement.

Renversée : Dispute familiale, litige de famille. Vous allez être confronté à un désaccord au sein de votre foyer ou de votre parenté. Vous devez garder en tête que tout conflit peut apporter des savoirs et des richesses supplémentaires à l'enfant qui est en vous, si vous savez en tirer l'essence pure.

Argent

Droite : Vous pourriez recevoir un don ou un prêt d'une personne de votre entourage, ou vous-même, être un généreux donateur qui sera apprécié. Le soutien familial est important pour vous. Transaction immobilière favorable.

Renversée : Ne faites rien en matière d'immobilier en ce moment. Laissez passer quelque temps. On pourrait vous solliciter financièrement, mais ce serait à perte pour vous. Disputes d'argent possible dans votre famille.

Travail

Droite : Un projet familial recevra les énergies positives qui lui permettront d'aboutir plutôt positivement. Le soutien d'un parent sera bienvenu pour résoudre une difficulté professionnelle.

Renversée : Pas d'association avec la famille, de quelque nature que ce soit. Vous n'aurez pas la force nécessaire pour rétablir la situation et votre famille vous en voudra.

Santé

Droite : Si vous rencontrez des problèmes de santé, demandez de l'aide ou du soutien à votre famille, ils seront ravis de vous l'accorder. Des membres de votre famille pourraient avoir besoin de vous pour les soutenir.

Renversée : Une maladie d'ordre génétique ou héréditaire pourrait vous atteindre. Vous aurez du mal à trouver le soutien familial dans un problème de santé.

WYRDD

Pas de représentation : la pierre est vierge de toute inscription

Wyrd - Blank

C'est la rune du destin. Rien ne peut changer ce qui est écrit. Les choses sont programmées, il ne reste qu'à tenter tout ce qui est possible pour que ce destin se déroule dans les meilleures conditions.

Amour

Laissez faire les choses et ayez confiance en vous. La solution à tout est là et vous verrez la destinée s'accomplir. Restez positif et croyez que tout va se faire au mieux pour vous.

Argent

La roue de la vie bouge beaucoup et tourne souvent. Vous aimeriez qu'elle se stabilise un peu, mais vous ne savez pas comment. Il faut simplement positiver sur votre situation et visualiser tous les jours ce que vous souhaitez voir se réaliser. Le destin mettra en œuvre les actions qui feront la réalisation.

Travail

Et bien que votre destin professionnel soit inscrit au grand livre, vous pouvez toujours faire en sorte qu'il s'approche le mieux possible de vos aspirations et de vos goûts. Plus vous vous plairez dans votre métier et mieux vous réussirez. Ayez confiance, chaque marche est importante pour accéder au Panthéon.

Santé

Cessez de vous culpabiliser et acceptez donc ce corps qui vous envoie des messages de vie. Si vous refusez de l'entendre, il vous enverra des messages de plus en plus forts et de plus en plus difficiles à supporter. Vous avez un seul corps pour la vie, prenez en soin et écoutez-le.

Les tirages de Runes

Pour les utiliser dans leur forme divinatoire, il faut acheter un jeu de runes toutes faites sur galets, en cristal, en gemme naturelle comme le quartz rose, l'améthyste ou la cornaline. Vous pouvez aussi les trouver en bois.

Mais si vous préférez des runes traditionnelles, alors elles seront peintes sur des galets de rivières, ou sur des rondins de bois que vous aurez découpés dans une belle branche d'arbre et que vous aurez faits vous-même. Sur chacun de vos galets, ou chacune de vos rondelles de bois, vous allez peindre à l'encre rouge une rune.

Sur 25 galets ou rondelles, seulement 24 seront peints. La 25ème rune reste vierge. Elle s'appelle le WYRDD. C'est la rune du destin.

Vous placerez l'ensemble de vos 25 runes dans un sac non transparent et suffisamment grand pour que vous puissiez y entrer la main pour piocher vos runes.

La grande méthode divinatoire des runes est assez longue. Il faut faire trois tirages de 5 runes et associer ces runes à leur emplacement de tirage, de façon à donner le chemin de vie qui est proposé par les runes.

Mais nous allons ici vous proposer des méthodes simplifiées en une seule rune, en trois runes et aussi en cinq runes (pour les plus perspicaces et patients).

Méthode de tirage en une rune

Vous pouvez utiliser les runes individuellement, de deux manières différentes :

◊ La méthode de tirage-réponse

◊ La méthode de tirage-vibratoire

Le tirage réponse

Vous avez besoin de répondre à une question, vous avez besoin de trouver une orientation, vous avez besoin que des messages vous soient donnés ?

Alors, installez-vous confortablement, prenez votre sac de runes sur vos genoux et fermez vos yeux. Concentrez-vous sur votre problème actuel, jusqu'à ce vous ayez bien pris conscience de votre problème et que vous sachiez concrètement ce que vous souhaitez poser comme question.

Posez la question à voix haute.

Piochez une rune dans le sac. Posez-la sur la table comme elle vous est venue, sans la bouger. En fonction de sa position, droite ou renversée, vous pourrez l'interpréter.

Regardez à quoi correspond cette rune à partir de l'interprétation des runes en première partie.

Vous avez une réponse, une orientation, un chemin à suivre. Concentrez-vous sur ce que vous dit la rune pour améliorer votre situation.

Vous pouvez aussi poser la rune sous votre oreiller le soir, en demandant que des messages vous soient donnés dans vos rêves.

Si la rune est sur le côté, c'est-à-dire ni droite, ni renversée, mais simplement penchée sur le côté, elle est considérée comme droite. Les runes ont une sensibilité positive.

Le tirage vibratoire

Vous avez besoin de la force d'une rune, pour vous aider dans une situation que vous souhaitez améliorer, ou pour avancer dans vos projets, ou pour vous assurer le succès, ou pour développer votre fertilité, etc.

Installez-vous confortablement, prenez votre sac de runes sur vos genoux et ce livre sur les runes. Fermez les yeux et visualisez votre souhait, ce que vous voulez améliorer, ce que vous voulez réussir, ce que vous voulez tout simplement. Concentrez-vous, jusqu'à ce vous ayez bien pris conscience de votre affaire et que vous sachiez concrètement ce que vous souhaitez.

Choisissez dans votre livre la rune qui correspond le mieux à votre désir. Puisez dans votre sac la rune que vous avez choisie. Sortez la du sac, et gardez la avec vous tout le temps. Si vous avez un projet, vous pouvez poser la rune dessus tous les jours en brûlant une bougie orange à côté. Puis vous reprenez la rune avec vous jusqu'à ce que votre souhait soit totalement réalisé.

Vous pouvez tous les soirs, devant la télévision par exemple, prendre votre rune et la conserver en « jouant » à la rouler dans le creux de votre main en pensant à l'énergie qu'elle vous apporte pour réaliser votre vœu.

Méthode de tirage en trois runes

Les trois déesses

La première rune représente l'origine de la question.

◊ Ce qui vous vient du passé (en relation à la question) – placée à gauche.

◊ La deuxième rune représente l'ambiance générale au moment de la consultation. Ce que vous vivez au présent – placée au centre.

◊ La dernière rune indique le développement de la question. Ce que l'avenir vous réserve (ou la réponse) – placée à droite.

Passé Présent Futur

Et maintenant vous faites l'interprétation des runes avec les définitions que vous avez dans ce livre en reliant la rune à sa position dans le passé, dans le présent ou dans le futur.

Selon la légende, les trois Nornes d'Yggdrasill tissant les fils du destin, lançaient les runes sur la ligne de l'horizon, pour décider du destin des hommes. Et la lecture se faisait selon l'ordre des trois évolutions de la vie :

Urd : la Norne du passé. La première rune représente l'origine de la question

Werdandi : la Norne du présent. La deuxième rune représente l'ambiance générale au moment de la consultation

Skuld : la Norne de l'avenir. La troisième rune indique le développement de la question

Le total de ces runes indiquera une direction qui est proposée par les runes.

Méthode de tirage en cinq runes

Les runes lancées

◊ ***La première rune*** vous représente.

◊ ***La deuxième rune*** représente votre entourage.

◊ ***La troisième rune*** représente la raison de la question.

◊ ***La quatrième rune*** indiquera une analyse du chemin à suivre.

◊ ***La cinquième rune*** indique la synthèse et le jugement des runes.

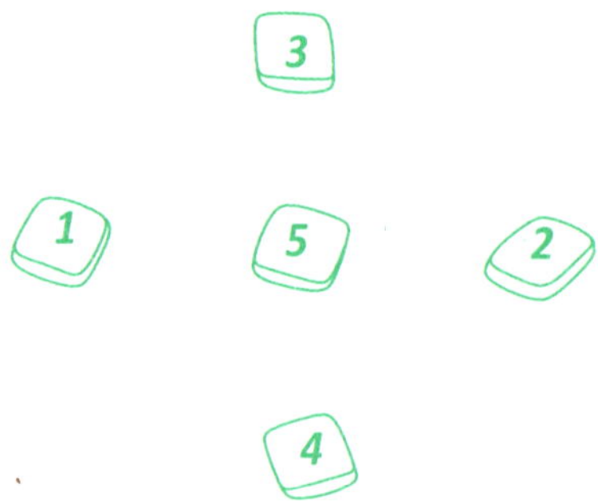

La croix d'Odin

◊ ***La première rune*** indiquera dans quelle énergie vous vous trouvez.

◊ ***La deuxième rune*** renseigne sur votre force.

◊ ***La troisième rune*** désigne la force majeure.

◊ ***La quatrième rune*** indique ce qui s'oppose à la question.

◊ ***La cinquième rune*** montre l'évolution ou la synthèse.

Vous pouvez utiliser les runes individuellement, de deux manières différentes :

◊ ***La méthode de tirage-réponse***

◊ ***La méthode de tirage-vibratoire***

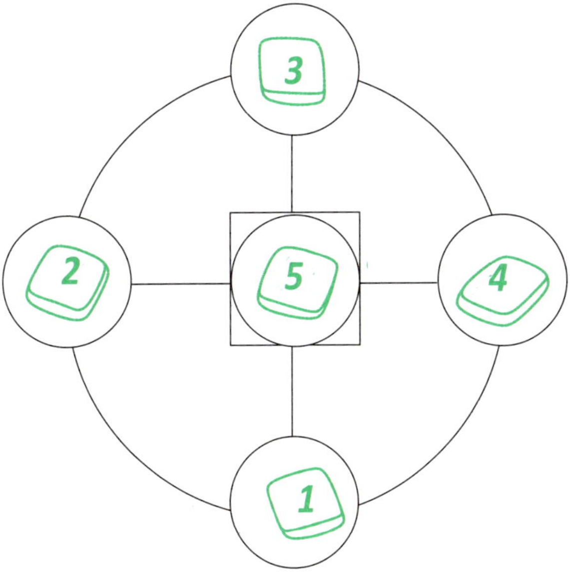

Les mots runiques

Les runes ne sont pas seulement destinées à répondre à l'interrogation de l'avenir. Elles sont avant tout un alphabet qui permet de communiquer avec les Dieux et ainsi, de faire passer les messages que nous voulons, afin d'être entendus et que nos vœux se réalisent.

C'est une tâche bien ardue pour ces êtres supérieurs que de répondre à tous nos besoins et ils ont besoin de comprendre facilement ce que nous espérons. À savoir s'ils le réaliseront, c'est selon ce qu'il y a de mieux pour nous. S'il ne le faut pas, alors cela ne se fera pas, mais si c'est bon pour nous, alors les Dieux répondront favorablement.

Les runes représentent une puissance énergétique extraordinaire pour chacune d'entre elles. La signification d'une rune peut être apposée à un besoin spécifique. Par exemple, si vous souhaitez que votre projet soit reconnu et reçoive un véritable succès, alors vous apposerez le signe de la rune SIG sur lui. C'est la symbolique de la puissance, de la réussite et du pouvoir.

Mais parfois il est nécessaire d'apposer plusieurs runes pour créer un chemin de pouvoir afin de voir les choses se réaliser. Ce sont ces associations bienveillantes que l'on appelle les mots runiques. Ils répondent à vos besoins en réunissant des énergies très puissantes pour votre destin.

Nous vous proposons ici une série de mots runiques que vous pouvez écrire partout où vous en avez besoin. Il vous est conseillé de les écrire en rouge, cette couleur représentant votre sang, comme pour un pacte passé avec les Dieux ou avec l'Univers.

Les mots runiques vous sont présentés sous leur nom et non pas sous leur dessin pour vous obliger à aller chercher le dessin et le choisir lorsqu'on en trouve plusieurs représentations, mais aussi pour vous imprégner pour chaque rune de sa signification initiale. Vous pourrez au fur et à mesure les retenir, et même réaliser vos propres mots runiques, pour vos besoins personnels spécifiques.

Ces « mots » sont formés de 3 ou de 4 runes. Les groupes de trois répondent à la règle de la trinité : le pouvoir des 3.

Vous retrouvez des applications du 3 dans bien des règles initiales, métaphysiques et mystiques, telles que :

◊ ***Les 3 mondes : terrestre + céleste + éthérique***

◊ ***Les 3 âges de la vie : jeunesse, âge mûr puis vieillesse***

◊ ***Les 3 émanations d'une même entité : par exemple le feu, la flamme, la chaleur ou la lumière***

◊ ***Le moi, le surmoi et le ça***

◊ ***Le conscient, l'inconscient, le subconscient***

◊ ***Le passé, le présent, le futur***

◊ ***Toi, moi, il (l'autre)***

◊ ***Le père, le fils, le Saint-Esprit***

◊ ***Les 3 personnifications de Dieu : le principe, la puissance, la manifestation***

◊ ***etc.***

Mais, comme à l'exemple du Triquetra cerclé, on trouve la puissance du 4, avec les 3 forces initiales, plus le TOUT. Donc on peut avoir la puissance du 3 ou la puissance, plus la force du TOUT avec le 4. C'est pourquoi certains mots runiques comportent 3 runes et d'autres 4.

L'ordre dans lequel elles sont placées représente l'évolution ou le sens de modification de la situation souhaité. En réalité, il faut savoir que si vous vous trompez d'ordre pour la création de vos propres mots runiques, vous ne ferez rien d'inefficace. Le tout fonctionnera puisque vous aurez appliqué le pouvoir et la puissance de chacune des runes.

Vous trouverez chaque mot runique écrit et non dessiné. Cela est volontaire pour vous permettre de vous habituer à dessiner vous-même vos runes. Mais aussi pour vous inciter à réviser régulièrement les significations de chaque rune et donc de confirmer que ce mot runique est bien celui qu'il vous faut, ou s'il vous faut le modifier à votre convenance.

Car chaque mot est adaptable et modifiable à souhait. Vous êtes vous-même capable de créer vos mots avec les explications précédentes.

Si par exemple, vous préférez GEBO à URUZ pour le travail, parce que vous préférez compter sur la chance plutôt que sur votre effort de travail, c'est votre choix. Vous pouvez créer comme vous le souhaitez.

Nous vous proposons pour chaque mot runique une méthode d'utilisation. Mais vous pouvez vous-même utiliser la méthode qui vous convient le mieux, celle que vous pratiquez généralement, ou celle que vous aurez notée dans votre livre de magie ou de pratique ésotérique préféré.

Lorsqu'il vous est demandé d'utiliser un « témoin », vous utiliserez un document, un objet... n'importe quoi qui ait une relation directe avec le sujet traité.

Pour les personnes, cela peut être un cheveu. Pour le travail, cela peut être un dossier. Pour la vente, cela peut être une photo, un acte de propriété. Etc.

Tous les mots runiques pourront être écrits à l'encre rouge, à la peinture rouge, au feutre rouge. Et parfois, il pourra vous être proposé d'autres couleurs.

AMOUR

Talisman d'amour

RAIDO - BERKANA - TYR

Ce mot runique est à écrire avec un feutre indélébile de couleur rouge ou argent, de préférence sur une pierre de quartz rose, une agate du Botswana rose ou une émeraude opaque d'Afrique.

Pendant que votre talisman sèche, vous écrivez votre souhait d'amour sur un parchemin, ou sur un papier. Votre souhait doit être au présent, clairement expliqué et surtout il doit être réaliste. (Exemple : je rencontre l'homme ou la femme idéal(e) pour moi pour une histoire d'amour parfaite pour nous deux).

Une fois que c'est sec, vous mettez votre pierre-talisman runique à côté d'une bougie rose que vous allumez en répétant 7 fois votre souhait écrit. Quand la bougie est terminée, gardez le talisman avec vous dans votre sac, votre poche, etc. Recommencez le brûlage d'une bougie avec répétition du vœu une fois par semaine, jusqu'à réalisation.

Renforcer un amour existant

ODAL - KANO - WUNJO - ANSUZ

Avec un feutre indélébile de couleur rouge, écrire le mot runique sur un parchemin ou sur une pierre de rhodochrosite, sur une émeraude ou sur un rubis opaque d'Afrique à l'encre or.

Laissez sécher votre mot. Pendant ce temps, allumez une bougie rouge et méditez sur ce que vous espérez de mieux pour votre couple et sur les améliorations et les bénéfices que vous espérez.

Puis posez le talisman-runique à côté de la bougie et laissez-la brûler jusqu'au bout.

Vous garderez ensuite votre talisman sous votre lit si vous vivez en couple, ou dans votre sac, comme vous préférez.

Attirer l'amour

INGUZ - KANO - TYR - GEBO

Écrivez ce mot runique sur un ruban vert de la taille de votre poignet (un peu plus long pour pouvoir l'attacher). Puis allumez une bougie rouge et en tenant votre ruban dans votre main gauche, récitez une prière d'appel que vous aurez préparée avant. Par exemple : Parce que je le mérite, l'amour parfait pour moi vient à moi et je connais enfin le bonheur.

Puis attachez le ruban à votre poignet gauche, le mot runique côté peau (donc non visible), et vous le garderez en permanence. S'il tombe de lui-même, ou si vous êtes obligé de l'enlever, vous recommencerez avec un nouveau ruban. Et si on vous demande pourquoi vous portez un ruban, vous pouvez toujours dire que vous avez fait un vœu et que vous attendez qu'il se réalise, mais que vous ne devez pas dire quel est ce vœu.

Fidélité dans le couple

TYR - ODAL - ALGUZ

Pour ce mot runique, il vous faudra être prudent et discret. Il faut vous procurer deux petits morceaux de bois naturel ou de bois taillé. La très petite taille est importante, car il faudra pouvoir laisser un morceau de bois dans les affaires de votre bien-aimé(e), comme dans son sac ou son bureau, l'endroit qui sera le plus près de lui ou d'elle toute la journée.

Sur chaque bois, dessinez au feutre rouge le mot runique.

Brûler une bougie bleue et poser vos deux mots runiques devant la bougie en demandant : ***« La fidélité de mon couple est chose importante et primordiale. Notre amour mérite que nous soyons fidèles l'un à l'autre éternellement. »***

Mettez un talisman dans les affaires de votre conjoint, et l'autre dans vos affaires personnelles.

Faire revenir l'être aimé

EHWAZ - MANNAZ - ALGUZ

Réfléchissez bien avant d'agir. Il vous faut être parfaitement sûr que l'idéal pour vous soit le retour de l'être aimé. Parfois, il est certain que même si la douleur de la séparation est très difficile à vivre, l'ouverture vers l'avenir est souvent une meilleure solution. Acceptez d'abord d'analyser votre situation pour être bien certain que vous faites le bon choix en faisant revenir votre ex dans votre vie.

Sur une pierre de votre choix, vous inscrirez le mot runique à l'encre rouge d'un côté et à l'encre or de l'autre côté. Puis vous brûlerez une bougie argent en pensant au retour de votre conjoint et en répétant 3 fois : ***« Si c'est ce qu'il y a de mieux pour moi »***. Vous laisserez votre pierre à côté durant tout le brûlage.

Puis vous garderez votre pierre avec vous tout le temps. Vous devez pouvoir la toucher, la prendre dans votre main plusieurs fois par jour. Gardez-là jusqu'au retour de l'être aimé. Puis vous la jetterez dans l'eau (la mer, une rivière, un lac...).

Créer un lien d'amour avec l'être choisi

BERKANA - JERA - WUNJO

Avant de créer ce talisman runique, soyez bien certain que le lien que vous voulez créer soit un lien idéal et réalisable. Ne tentez pas de vous lier à une personne qui ne s'intéresse pas du tout à vous, ce serait vous attirer du malheur. Le but des runes est positif.

Sur une pierre de votre choix ou sur un parchemin, écrivez en rouge le mot runique. Dans une pochette en velours, mettez votre talisman runique et un objet témoin de l'être choisi (l'idéal étant un cheveu) et un objet vous appartenant personnellement. Gardez ce talisman avec vous ou dans un endroit qui vous est totalement personnel, jusqu'à réalisation.

Vous penserez régulièrement à prendre cette pierre dans vos mains et à visualiser la réalisation de votre souhait.

Pour avoir un bébé (grossesse)

INGUZ - ODAL - FEHU - BERKANA

Sur un parchemin, vous écrirez le mot runique. Puis vous l'entourez d'un cercle. Vous accrochez ce talisman au-dessus de votre tête de lit.

Tous les soirs avant de vous coucher vous poserez votre main gauche sur le talisman et vous fermerez les yeux durant 2 à 3 minutes pour visualiser la grossesse et l'arrivée de bébé.

Protection contre la jalousie

ALGUZ - BERKANA - ISA

Choisissez un bois de grande qualité bien taillé (vous pouvez le préparer vous-même) ou une jolie pierre correspondant à la protection contre la jalousie (par exemple l'agate mousse, ou l'œil-de-tigre ou toute autre pierre de votre choix qui ait pour vertu de limiter ou repousser la jalousie).

Sur cet objet, dessinez au feutre ou à la peinture argent le mot runique. Lorsqu'il sera sec, brûlez une bougie argent et posez le talisman à côté en demandant : ***« que je sois protégé (e) de toute forme de jalousie ou d'envie »***. Répétez cela 7 fois et laissez brûler la bougie jusqu'au bout.

Vous garderez ce talisman dans votre espace de vie proche (un endroit où vous le voyez souvent).

Rompre une union dans de bonnes conditions

ISA - INGUZ - EOH

Choisissez une pierre dans la nature en vous promenant, ou dans une boutique devant un grand choix de pierres. Vous devez vous laisser guider vers la pierre qui vous appelle. Dessus, vous dessinerez le mot runique. Puis vous poserez une goutte de votre sang sur la même pierre (par exemple, vous vous piquerez le doigt avec une aiguille de couture). Pendant que vous poserez votre sang, vous devrez visualiser votre conjoint et lui envoyer toutes les ondes positives et tout l'amour dont vous êtes capable.

Laissez sécher. Posez ce talisman sous votre matelas ou sur votre table de nuit et laissez agir. Tous les soirs, vous devez penser à ce talisman et à sa raison d'être.

Soulager une peine de cœur

WUNJO - ISA - KANO - NAUTHIZ

Vous souffrez sûrement si vous êtes en train d'envisager de créer ce talisman. Oui, vous pouvez vous aider à passer l'épreuve que vous subissez en ce moment. Chaque étape dans une vie est importante et doit se vivre, mais parfois il semble nécessaire d'alléger la douleur pour mieux passer l'étape.

Pour ce faire, prenez une pierre d'apatite bleue et dessinez dessus le mot runique. Laissez sécher. Tous les jours, vous poserez cette pierre côté peau sur votre plexus solaire et garderez l'imposition durant 20 minutes minimum tous les jours.

Pouvoir de séduction

KANO - BERKANA - HAGALAZ

Sur l'intérieur de votre cheville gauche, dessinez le mot runique au feutre indélébile rouge. Il n'est pas besoin que ce soit écrit gros. Un tout petit mot aura le même pouvoir.

Lorsque le mot s'efface au fur et à mesure de vos bains et douches, vous redessinerez au feutre par-dessus.

Votre énergie de confiance va s'éveiller et vous donner un nouveau charisme.

Certains vont même jusqu'à se tatouer les mots de pouvoirs sur la peau lorsqu'ils veulent les garder pour la vie.

ARGENT

Talisman pour l'argent

FEHU - GEBO - SIG

Prenez une pierre de citrine ou une agate naturelle. Dessinez sur la pierre le mot runique avec un feutre indélébile de couleur rouge ou verte. Brûlez une bougie verte et laissez le talisman à côté jusqu'à ce que la bougie ait totalement brûlé. Si vous en possédez, posez 3 gouttes d'huile de patchouli sur la pierre.

Gardez ce talisman sur vous en permanence.

Retour d'argent qui vous est dû

ODAL - RAIDO - GEBO

Il faut d'abord savoir si vous croyez aux obligations et aux retours karmiques. Car si vous acceptez l'idée que vous avez payé votre karma en perdant cet argent au profit d'une autre personne envers qui vous aviez une dette karmique, vous ne pourrez pas le récupérer.

Dans le cas contraire, vous pouvez créer le talisman runique en dessinant sur un bois à l'encre rouge le mot runique.

Posez ce talisman sur l'objet témoin correspondant à l'argent qui vous est dû. Par exemple, si vous avez un contrat, un jugement, un document, n'importe quel témoin prouvant que cet argent vous est dû. Brûlez une bougie pourpre régulièrement pour demander que cela se réalise.

Et s'il s'agit d'un prêt non remboursé, vous utiliserez un objet appartenant à la personne qui vous doit de l'argent. Au pire, si vous n'avez rien, sur un morceau de parchemin vous écrirez : ***« ..... (le nom de la personne) me rembourse l'argent qu'il me doit, ou au moins tout ce qu'il peut me rembourser. »***. Enroulez le bois avec le mot runique dans ce parchemin.

Brûlez une bougie pourpre régulièrement pour demander que cela se réalise.

Rentrée d'argent pour un but précis

LAGUZ - BERKANA - URUZ

Prendre une planchette de bois. Dessus, dessinez le mot runique. Sur un parchemin, écrivez le montant dont vous avez besoin ainsi que la raison pour laquelle vous avez besoin de cette somme. Enroulez la planchette avec le mot runique avec le parchemin. Brûlez une bougie verte et laissez le talisman à côté de la bougie jusqu'à ce qu'elle soit totalement consommée.

Gardez le talisman dans un endroit où vous êtes très souvent (la cuisine, le bureau), mais à l'abri des curieux. Personne ne devra toucher à votre talisman. Tous les jours prenez-le dans les mains et répétez à haute voix : ***« Je reçois le montant de …….., pour en faire …….. »***. Si vous le méritez, vous recevrez cet argent.

Une fois que vous avez réussi, vous pourrez enterrer le talisman dans un coin de jardin ou dans une forêt.

Recevoir de l'aide financière

GEBO - FEHU - MANNAZ

Sur un parchemin, écrivez le mot runique en rouge ou en vert. Vous avez certainement un dossier ou un document correspondant à l'aide financière que vous recherchez (prêt bancaire, dossier de déficit, relevé bancaire en déficit, etc.). Sur ce document, vous collerez un « post-it » sur lequel vous dessinerez également le mot runique.

Sur le parchemin, vous poserez une bougie de couleur verte. Vous allumez cette bougie en demandant que les finances qui vous manquent vous soient accordées ici et maintenant.

Une fois que la bougie est terminée, gardez le parchemin avec de la cire de la bougie dans un petit sac. Gardez ce talisman sur le dossier jusqu'à ce que votre situation soit rétablie positivement.

Développer les rentrées d'argent par le commerce

SIG - BERKANA - TYR

Il faut dessiner le mot runique à l'encre indélébile rouge ou verte sur votre livre de comptes (ou sur votre relevé de compte ou sur votre document bancaire).

Puis dessinez le mot runique à l'encre rouge indélébile sur votre tiroir-caisse ou votre caisse enregistreuse et aussi sous votre comptoir de vente (ou sur votre attaché-case de travail).

Et enfin, si vous avez une boutique ou un local commercial, vous dessinerez le mot runique sur le rebord en haut de la porte d'entrée à l'encre indélébile rouge.

Développer les rentrées d'argent par le travail

TYR - KANO - BERKANA

Il faut dessiner le mot runique à l'encre indélébile verte sur votre livre de comptes (ou sur votre relevé de compte ou sur votre document bancaire).

Puis dessinez le mot runique à l'encre rouge indélébile sur votre tiroir-caisse ou votre caisse enregistreuse et aussi sous votre comptoir de vente (ou sur votre attaché-case de travail).

Et enfin, si vous travaillez dans une boutique ou un local commercial, vous dessinerez le mot runique sur le rebord en haut de la porte d'entrée à l'encre indélébile rouge.

Et si vous travaillez à un bureau, vous le dessinerez sur votre bureau dans un endroit discret. Si vous travaillez avec votre voiture, vous pourrez aussi le dessiner sur votre véhicule.

Dessinez-le sur toutes les affaires ou les parties qui concernent votre travail, mais toujours dans un endroit discret, peu visible des autres.

Développer les rentrées d'argent (par un autre moyen)

FEHU - URUZ - GEBO

Si vous avez un témoin (contrat, en-tête de courrier, document, dossier complet, tout ce qui est en relation avec votre possible rentrée d'argent), vous vous en servirez. Sur un post-it ou un autocollant, vous dessinerez en rouge ou en vert le mot runique. Vous collerez ce post-it sur votre témoin.

Aussi, sur une plaquette en bois, vous dessinerez le mot runique à l'encre rouge ou verte indélébile sur une face. Sur l'autre vous écrirez un mot ou deux qui définiront le projet ou ce qui est censé vous aider à développer vos rentrées d'argent. Si vous n'avez pas de projet ou de témoin qui pourrait vous aider à développer des rentrées d'argent, vous dessinerez le mot runique sur la plaquette en bois et rien de l'autre côté. Gardez ce talisman en bois avec vous en permanence jusqu'à ce que vous ayez enclenché le processus de développement d'argent.

Sortir des problèmes financiers

INGUZ - DAGAZ - SIG - NAUTHIZ

Sur un parchemin, dessinez le mot runique à l'encre rouge. Pliez le parchemin en trois et glissez-le dans votre porte-monnaie, votre portefeuille ou votre sacoche.

Sur une feuille de papier de couleur verte, écrivez le mot suivant : ***« ma vie va de mieux en mieux et mes finances s'améliorent tous les jours de plus en plus ».***

Garder ce mot sur votre table de chevet. Tous les soirs avant de vous endormir, lisez ce mot 7 fois avant de vous endormir.

Vendre rapidement

SIG - FEHU - RAIDO

Derrière une photo de l'article que vous souhaitez vendre, dessinez le mot runique. Tous les jours, brûlez une bougie de couleur verte à côté de la photo, en demandant :

« Que ce soit vendu maintenant ».

Lorsque votre objet sera vendu, vous brûlerez la photo.

TRAVAIL

Protection contre les mauvaises énergies ou les mauvaises personnes

RAIDO - DAGAZ - URUZ

Utilisez un témoin si vous savez qui est la personne qui vous envoie de mauvaises énergies.

Et même si vous ne savez pas qui vous fait cela, c'est simple. Sur le montant au-dessus de la porte d'entrée de votre bureau, dessinez les runes à l'encre noire (pour être plus discret). Sous votre sous-main, collez un post-it ou un papier avec le mot runique dessiné dessus à l'encre rouge. Dans la première page de votre agenda, dessinez le mot runique à l'encre rouge. Si vous avez un porte-dossier de travail, glissez un parchemin dedans, sur lequel vous aurez dessiné le mot runique à l'encre rouge.

Partout à votre travail, vous protégerez votre espace avec le mot runique dessiné, mais toujours de façon très très discrète.

Faciliter l'apprentissage

ODAL - ANSUZ - SIG

Sur un parchemin, vous dessinerez le mot runique. Ce parchemin vous servira de marque-page dans les documents que vous apprenez. Vous pouvez créer plusieurs parchemins pour autant d'ouvrages que vous utilisez.

Aussi, sur la plante de vos 2 pieds, vous dessinerez le mot runique à l'encre indélébile rouge. Faites un petit essai d'abord, pour être sûr que vous n'êtes pas allergique au feutre que vous utilisez. Tous les jours, vous redessinerez le mot runique sur la plante de vos pieds, jusqu'à la fin des apprentissages.

Réussite professionnelle

ALGUZ - WUNJO - EHWAZ

Utilisez un témoin si vous avez un projet particulier dans lequel vous souhaitez réussir. Vous ajouterez le mot runique dessiné sur un parchemin dans votre dossier ou sur votre témoin.

Aussi, sur le montant au-dessus de la porte d'entrée de votre bureau, dessinez les runes à l'encre noire (pour être plus discret). Sous votre sous-main, collez un post-it ou un papier avec le mot runique dessiné à l'encre rouge. Dans la première page de votre agenda, dessinez le mot runique à l'encre rouge. Si vous avez un porte-dossier de travail, glissez un parchemin dedans, sur lequel vous aurez dessiné le mot runique à l'encre rouge.

Réussite d'un projet

KANO - URUZ - INGUZ

Utilisez un témoin du projet.

Vous dessinerez le mot runique sur un parchemin que vous placerez dans votre dossier ou sur votre témoin. Vous dessinerez le mot runique sur un 2ème parchemin que vous garderez avec vous en permanence. Sur un 3ème parchemin, vous dessinerez sur une face le mot runique et sur l'autre face le projet que vous souhaitez voir réussi et finalisé (par exemple : ***« j'achète la maison idéale pour ma famille »***). Surtout, écrivez comme si c'était réalisé ou en cours de réalisation.

Tous les soirs avant de vous endormir, vous prenez le parchemin dans vos mains, vous fermez les yeux et vous visualisez le projet terminé et réussi. Vous éclaircissez l'image dans votre esprit, de façon à ce qu'elle soit très lumineuse et belle. Vous pourrez arrêter lorsque votre projet sera réalisé.

Trouver un travail

FEHU - EOH - SIG

Dans le creux de votre main gauche, vous écrirez le mot runique en tout petit, à l'encre indélébile rouge. Faites un petit essai d'abord, pour être sûr que vous n'êtes pas allergique au feutre que vous utilisez. Tous les jours, vous redessinerez le mot runique dans le creux de votre main, jusqu'à ce que vous ayez décroché un emploi.

Lorsque vous faites une démarche pour un emploi, comme aller sur le site d'offres d'emplois, envoyer votre CV pour répondre à une annonce, etc., vous serrerez votre poing gauche, tout en visualisant le mot runique.

Si vous répondez à une petite annonce, découpez l'annonce, dessinez le mot runique dessus et brûlez une bougie blanche juste à côté 3 jours de suite. Sachez par contre que ce travail ne vous sera accordé que s'il est bon pour vous.

Changer de travail

JERA - SIG - BERKANA

Changer de travail peut survenir dans plusieurs conditions. Soit vous voulez changer de travail dans votre compagnie ou établissement où vous travaillez déjà, soit vous voulez changer d'établissement.

Dans le cas d'un changement de travail au sein de votre établissement :

Vous allez faire une copie de votre contrat de travail (page où il y a votre nom et la dénomination de votre emploi). Si vous n'avez pas de contrat, faites une copie de votre dernier bulletin de salaire sur lequel est noté l'emploi que vous avez. Sur la copie, passez du surligneur sur la dénomination de votre emploi. En dessous de la dénomination surlignée, vous allez dessiner au feutre rouge le mot runique. Et tous les jours, à la même heure, vous allumerez une bougie bleue à côté de votre copie surlignée avec le mot runique dessus. Mettez votre main au-dessus du mot runique et dites : ***« On m'offre un nouvel emploi qui me conviendra bien mieux ».***

Dans le cas d'un changement de travail et d'établissement :

Dans le creux de votre main gauche, vous écrirez le mot runique en tout petit, à l'encre indélébile noire. Faites un petit essai d'abord, pour être sûr que vous n'êtes pas allergique au feutre que vous utilisez. Tous les jours vous redessinerez le mot runique dans le creux de votre main, jusqu'à ce que vous ayez décroché un nouvel emploi.

Vous allez devoir faire des démarches pour trouver un nouvel emploi dans une autre compagnie. Donc, lorsque vous faites une démarche pour un emploi, comme aller sur le site d'offres d'emplois, envoyer votre CV pour répondre à une annonce, etc., vous serrerez votre poing gauche, tout en visualisant le mot runique.

Si vous répondez à une petite annonce, découpez l'annonce, dessinez le mot runique dessus et brûlez une bougie blanche à côté 3 jours de suite. Par contre, dans cette partie-là, le travail ne vous sera accordé que s'il est bon pour vous.

Si un emploi vous est proposé dans une autre compagnie, et que cet emploi vous semble être l'idéal pour vous, vous allez sur le net, imprimez la page d'accueil de la compagnie et dessinez le mot runique aux 4 coins de la page et brûlez la bougie en la posant au centre de votre feuille dans un bougeoir. Et vous demandez que cet emploi vous soit donné, car vous le méritez.

Avoir une offre de travail intéressante

GEBO - RAIDO - MANNAZ

Surtout, vous ne devez pas imaginer d'où viendra l'offre de travail. Si vous avez une petite idée préconçue, vous utiliserez le mot runique précédent.

Il vous faut une copie de votre CV. Dessus, vous écrirez à l'encre bleue, en travers de votre CV : « NOUVEL EMPLOI ».

Aux 4 coins de votre CV, vous dessinerez à l'encre bleue le mot runique.

Pliez en 4 votre CV. Agrafez-le plié. Posez dessus un bougeoir dans lequel vous aurez mis une bougie or. Brûlez cette bougie tous les jours pendant environ une heure en demandant qu'une meilleure offre d'emploi vous soit faite. Positivez, et croyez bien qu'il faut toujours un peu de temps pour que les choses se mettent en place pour répondre à votre demande. Donc ne perdez pas patience et recommencez tous les jours, jusqu'à ce qu'une offre vous soit offerte. Pensez aussi à regarder ce qui se libère autour de vous qui vous intéresserait, ainsi que les offres d'emploi sur le marché. Il se pourrait que vous ayez aussi une démarche à faire pour transmettre votre CV. Tout le monde ne vous connaît pas... Il faut vous faire connaître des employeurs...

Réussir un examen

FEHU - PEORTH - SIG

Il est important de savoir qu'un mot runique n'apprendra pas les leçons à votre place. Si vous ne savez pas, vous ne saurez pas plus avec un mot runique.

Ce talisman vous sera utile pour attirer les bonnes ondes et recevoir des sujets qui vous sont plus favorables. Une petite aide de chance pour le tirage au sort. Une meilleure capacité mémorielle. Une meilleure gestion du stress. Bref, tout ce qui pourra vous donner le petit coup de pouce nécessaire pour réussir...

Mais préparez-vous bien, c'est quand même la première cause de réussite !

Dessinez ce mot runique sur une pierre de lapis-lazuli. Gardez cette pierre avec vous jusqu'aux résultats de l'examen.

SANTÉ

Un mot runique ne remplace ni un diagnostic ni un traitement médical et il ne vous autorise pas à cesser un traitement médical. Il doit s'insérer dans le cadre d'une démarche adulte et responsable. Tout problème de santé mérite une consultation médicale avec un professionnel de la santé.

Talisman pour la santé

FEHU - KANO - NAUTHIZ - ALGUZ

Ce talisman est utile pour préserver une bonne santé. Dans ce cas, dessinez-le sur une pierre de shungite à l'encre couleur argent. Gardez cette pierre sur votre table de chevet. Ou mieux, si vous le pouvez, portez-la en pendentif sur vous (dans une cage à pierre par exemple).

Si vous souhaitez lutter contre une maladie, vous utiliserez un autre mot runique expliqué plus bas.

Libération karmique en santé

SIG - GEBO - ALGUZ

Utilisez une pierre de charoïte. Dessinez dessus le mot runique à l'encre dorée.

Tous les jours pendant un minimum de 10 minutes, asseyez-vous dans un espace calme et relaxant, sans personne autour de vous. Prenez cette pierre dans votre main et répétez lentement le mot runique 7 fois de suite : ***SIG, GEBO, ALGUZ.***

Puis vous visualiserez une lumière bleue qui entre par le haut de votre crâne et qui se répand dans l'ensemble de votre corps. Répétez en même temps : ***« Je suis libéré (e) de mon karma, ma santé est mienne et mon corps retrouve une santé parfaite. ».***

Lorsque vous penserez, après plusieurs semaines de pratique que vous êtes réellement libéré, vous jetterez la pierre dans la mer, ou dans un lac, ou une rivière profonde.

Retrouver un sommeil réparateur

ISA - NAUTHIZ - WUNJO

Sur une pierre de howlite blanche, vous dessinerez le mot runique.

Placez cette pierre sous votre oreiller. Avant de vous coucher le soir, prenez la pierre, placez-la sur votre plexus solaire pendant 20 minutes si vous le pouvez, sinon moins. Après, vous replacerez la pierre sous votre oreiller pour la nuit.

Activer une guérison

RAIDO - GEBO - JERA

Si vous devez lutter contre une maladie, vous pourrez dessiner ce mot runique sur une pierre de shungite à l'encre couleur argent, et sur une pierre d'héliotrope à l'encre couleur argent aussi. Vous poserez ces deux pierres sur l'endroit malade de votre corps tous les jours pendant un minimum de 20 minutes (en regardant la TV par exemple).

Soulager une douleur

WUNJO - SIG - TYR

Dessinez directement sur l'endroit douloureux de votre corps le mot runique à l'encre rouge. Faites un petit essai d'abord, pour être sûr que vous n'êtes pas allergique au feutre que vous utilisez. Placez sous votre lit une pyramide en prenant soin de placer les faces de la pyramide à chaque point cardinal. Tous les jours, redessinez le mot runique sur votre corps, jusqu'à ce que la douleur disparaisse.

Redonner de l'énergie à son corps

TYR - NAUTHYZ - SIG - LAGUZ

L'utilisation des pierres est précieuse pour aider le corps à retrouver sa forme, sa force et à guérir. Les pierres et les mots runiques sont souvent utilisés en appui à un traitement médical, mais ne se substituent jamais à un traitement médical.

Prenez soin de votre corps et ne prenez pas de risque avec lui, c'est là sa meilleure sauvegarde.

Donc, sur une pierre de rubis opaque d'Afrique, vous dessinerez le mot runique.

Tous les matins, à votre réveil, avant de sortir du lit, vous placerez la pierre sur votre plexus solaire pendant quelques minutes. Puis le soir, en revenant du travail, vous placerez pendant quelques minutes la même pierre runique sur votre plexus.

Vous pratiquerez cela pendant 3 semaines.

Vous pouvez aussi garder la pierre dans une cage à pierre sur un cordon, que vous porterez sur vous tous les jours. Mesurez votre cordon pour qu'il arrive au niveau de votre plexus solaire.

Arrêter une dépendance (alcool, tabac, drogue...)

MANNAZ - ISA - URUZ - EOH

Sur une pierre d'améthyste, vous dessinerez le mot runique à l'encre argentée. Vous porterez cette pierre sur vous en permanence dans une cage à pierre.

Sur une deuxième pierre d'améthyste que vous choisirez très foncée, vous dessinerez le mot runique à l'encre couleur argent. Vous placerez la pierre sur votre table de chevet. Tous les soirs, avant de vous coucher, vous placerez la pierre sur votre front. Vous fermerez les yeux et vous répéterez sans cesse pendant ces 20 minutes : ***« Je suis libéré (e) et je vais de mieux en mieux ».***

PROTECTION

Purification de l'Aura

TYR - KANO - FEHU - JERA

Vous utiliserez à votre choix soit une pierre de quartz tourmaline, soit une cornaline, soit un quartz aura bleu.

Sur la pierre vous dessinerez le mot runique. Et vous porterez cette pierre sur vous pendant 7 jours minimum, par exemple dans une cage à pierre (plus longtemps si vous le souhaitez).

Un dimanche, à un moment où vous serez seul à la maison, vous dessinerez chacune des runes du mot runique sur 4 parchemins différents (une rune par parchemin). Brûler un encens de Lotus et placer les 4 runes au sol, en carré, sur les 4 points cardinaux. Asseyez-vous au centre du carré et fermez les yeux. Visualisez votre aura qui s'élargit autour de vous. Visualisez sa couleur qui devient uniformément blanche, un beau blanc très lumineux. Puis concentrez-vous sur la chaleur autour de votre corps. Cet exercice durera le temps qui vous est nécessaire. Cela peut aller de 20 minutes à 1 heure, comme vous en ressentez le besoin. Vous pourrez recommencer cet exercice aussi souvent que vous le souhaitez.

Talisman de protection générale

DAGAZ - SIG - TYR

Sur une plaquette de bois, dessinez le mot runique. Placez ce morceau de bois dans une pochette en velours de la couleur de votre choix. Puis brûlez un encens de sauge. Vous en garderez les cendres. Puis brûlez un encens de Nag Champa. Vous en garderez les cendres. Puis brûlez une bougie bleu roi que vous éteindrez quand il n'en restera que 1 cm ou 2 cm.

Dans la même pochette que le mot runique, mettez les cendres d'encens et le reste de bougie.

Gardez ce talisman le plus près de vous possible, dans votre sacoche par exemple, ou dans votre bureau, si c'est dans cette pièce que vous avez besoin de protection.

Si vous souhaitez protéger votre lieu d'habitation, vous dessinerez le mot runique au-dessus de toutes les portes d'entrée de votre maison.

Repousser les ondes négatives

URUZ - THORN - HAGALAZ

Vous utiliserez le mot runique à l'endroit où les ondes négatives doivent être repoussées (maison, bureau, voiture, etc.). Vous dessinerez à l'encre noire le mot runique au-dessus de toutes les portes d'entrée, et en dessous de toutes les fenêtres. Attention, vous l'écrirez en tout petit pour que personne ne puisse le voir.

Si quelqu'un vous envoie du négatif au bureau par exemple, vous dessinerez aussi le mot runique sous le plateau de votre plan de travail.

Couper les énergies malfaisantes d'une personne

ISA - RAIDO - JERA - PEORTH

Le parchemin à utiliser sera d'environ 5 cm x 5 cm.

Si vous connaissez le nom de la personne qui vous envoie ces énergies, vous le noterez sur un parchemin et sur l'autre face du parchemin, vous écrirez le mot runique à l'encre rouge. Enroulez le parchemin d'un fil noir, serrez et faites un nœud. Gardez ce talisman posé pendant 3 jours sur la terre d'un pot de fleurs. Si vous n'en avez pas, mettez de la terre dans une tasse et posez le talisman 3 jours dessus. Au bout de trois jours, brûlez-le.

Si vous ne connaissez pas le nom de la personne qui vous envoie ces énergies, vous dessinerez le mot runique à l'encre rouge sur un parchemin et sur un morceau de bois. Vous enroulerez le bois avec le parchemin et le fixerez avec un fil noir. Vous poserez le tout sur de la terre (pot de fleurs ou tasse remplie de terre). Laissez reposer durant 3 jours.

Ensuite, vous enlèverez le parchemin que vous brûlerez à la flamme d'une bougie bleue posée dans un bougeoir dans votre évier. Lorsque le parchemin sera brûlé, vous pourrez déplacer la bougie.

Gardez la plaquette de bois avec le mot runique avec vous en permanence.

S'attirer des gens positifs autour de soi

FEHU - TYR - WUNJO - ODAL

Pour commencer, vous allez dessiner chacune des runes du mot runique aux 4 coins du logement. FEHU dans un coin, TYR dans un autre, WUNJO dans un 3ème coin et ODAL dans le dernier.

Ensuite, vous allez inscrire votre prénom et votre nom de famille sur un parchemin. Aux 4 coins du parchemin, vous allez dessiner le mot runique, soit l'ensemble des 4 runes aux 4 coins du parchemin.

Dans un petit sac de velours, vous allez mettre le parchemin plié en 4 et une pierre de magnétite. Gardez ce talisman avec vous en permanence.

Une fois par semaine, de préférence le dimanche, vous sortirez le parchemin de votre pochette de velours et vous brûlerez une bougie bleue à côté. Pendant que vous installez le parchemin et que vous allumez la bougie, pensez fort à l'énergie qui se modifie autour de vous pour attirer les bonnes personnes positives autour de vous.

Empêcher les ondes négatives d'entrer dans un lieu

ISA - ALGUZ - FEHU

Allumez une bougie bleu roi et brûlez un encens pour la protection de la maison (genre Osiris, ou maison casa, ou tout autre encens de protection de la maison).

Dessinez à l'encre noire le mot runique au-dessus de toutes les portes d'entrée, et en dessous de toutes les fenêtres. Attention, vous l'écrirez en tout petit et placé de façon à ce que personne ne puisse les voir.

Mettez du sel de l'Himalaya devant chaque porte d'entrée et sur le rebord de chaque fenêtre. N'enlevez pas le sel des fenêtres avant 3 jours. Et dans chaque angle intérieur du logis, vous laisserez quelques grains de sel.

Tous les mois, allumez une bougie bleue et remettez un peu de sel.

Protection des voyageurs (ou des gens qui se déplacent beaucoup)

LAGUZ - KANO - NAUTHIZ

Sous votre bagage de voyage, dessinez le mot runique à l'encre rouge. Si vous voyagez avec une voiture, vous dessinerez sous les pare-chocs le mot runique en rouge. Et sur une pierre de pyrite de fer ou de pierre de lune, dessinez aussi le mot runique. Gardez cette pierre dans votre sacoche.

Sortir d'une situation difficile

FEHU - BERKANA - TYR

Si vous avez un témoin en relation avec la situation, vous allez dessiner le mot runique dessus, et si vous ne pouvez pas le faire, collez un post-it avec le mot runique dessus.

Brûlez une bougie pourpre ou bordeaux sur laquelle vous aurez gravé le mot runique (pour cela vous pouvez utiliser la pointe d'un stylo, ça grave très bien les bougies).

Si vous n'avez pas de témoin, vous relaterez la situation sur un parchemin . Vous barrerez ce parchemin d'une croix en X. Sur l'autre face, vous noterez : ***« FINI. Tout va de mieux en mieux ».*** Vous relirez cette formule 7 fois. Vous laisserez le parchemin ou le témoin à côté de la bougie et laisserez brûler la bougie pendant 1 heure.

Vous brûlerez de nouveau la bougie chaque jou et à chaque allumage vous relirez la formule notée sur le parchemin et laisserez le parchemin à côté de la bougie pendant la combustion.

Lorsque la situation sera résolue, vous brûlerez le parchemin.

Protection d'une planche de OUI JA

KANO - ODAL - URUZ
Et TYR au centre

Allumez une bougie blanche, une bougie noire et une bougie grise.

Tournez votre planche de OUI-JA à l'envers et posez-la sur la table devant les bougies. À chaque coin de la planche, vous noterez le mot runique (les 3 runes ensemble). Au centre de la planche, vous dessinerez la rune TYR, avec un cercle autour de la rune.

Posez un peu de sel sur votre planche et laissez brûler les bougies jusqu'au bout. À la fin, jetez le sel.

Votre planche est prête.

À chaque utilisation, pensez à allumer une bougie blanche, une bougie noire et une bougie grise dans la pièce où vous pratiquez. Ce sont des bougies qui repoussent les entités de bas niveau.

Protection d'une personne ou d'un animal

MANNAZ - GEBO - TYR

Prenez une photo de la personne ou de l'animal. Au dos de la photo, dessinez un pentagone. Au centre, écrivez le prénom de la personne ou de l'animal et dessinez le mot runique en dessous du nom, mais toujours dans le pentagone.

Vous pouvez brûler une bougie marron si vous le souhaitez en demandant la protection de cette personne, ou de cet animal. Gardez la photo dans un espace visible, côté photo, le mot runique restant caché.

Protection d'un objet

SIG - GEBO - TYR

Sur l'objet en question, vous dessinerez un pentagone.

Au centre du pentagone, dessinez le mot runique.

Vous pouvez brûler une bougie marron si vous le souhaitez en demandant la protection de cet objet.

À renouveler aussi souvent que nécessaire.

Protection de la maison

MANNAZ - WUNJO - ODAL

Ce rituel va vous demander un peu de travail.

Allumez une bougie bleu roi et brûlez un encens pour la protection de la maison (genre Osiris, ou maison casa, ou tout autre encens de protection de la maison).

Dessinez à l'encre noire le mot runique au-dessus de toutes les portes d'entrée, et en dessous de toutes les fenêtres. Attention, vous l'écrirez en tout petit et placé de façon à ce que personne ne puisse le voir.

Sous chaque lit de la maison, vous dessinerez le mot runique.

Sur 4 pierres d'œil-de-tigre, vous dessinerez le mot runique. Placez ces 4 pierres aux angles du logement.

Mettez du sel de l'Himalaya devant chaque porte d'entrée et sur le rebord de chaque fenêtre. N'enlevez pas le sel des fenêtres avant 3 jours. Et dans chaque angle intérieur du logis, vous laisserez quelques grains de sel. Sous chaque lit, vous placerez une petite coupelle de sel et de riz mélangé. Si le sel durcit dans les semaines à venir, il faudra le remplacer.

Tous les mois, allumez une bougie bleue, vérifiez le sel sous les lits et remettez un peu de sel devant les portes et dans les angles.

Éloigner les mauvais esprits

URUZ - ISA - KANO

Pour cela il faudra vous fournir une cloche. La taille, la qualité et le prix ne dépendent que de vous. Pour notre part, nous affectionnons particulièrement les cloches tibétaines avec dorje, qui développent un son fin et prolongé qui semble s'imprégner dans les murs. Mais vous choisirez la cloche que vous voulez.

Brûlez une bougie noire dans un bougeoir, posé dans un endroit sécuritaire. Faites un cercle autour de la bougie avec du sel de l'Himalaya.

Sur des plaquettes de bois (autant de plaquettes que de pièces dans le logement), vous dessinerez le mot runique. Passez chaque plaquette au-dessus de la flamme de la bougie.

Prenez toutes vos plaquettes de bois et votre cloche et vous allez passer dans chaque pièce de la maison. L'une après l'autre, vous allez sonner la cloche dans chaque angle de la pièce, puis vous allez lever la plaquette de bois vers le ciel et dire : ***« Chassez, chassez, chassez, cette maison est mienne, chassez, chassez, chassez ».***

Posez la plaquette runique dans un endroit de votre choix où personne n'y touchera.

Faites de même dans toutes les pièces de la maison.

Éloigner la jalousie

WUNJO - ANSUZ - PEORTH

Sur une pierre d'agate, dessinez le mot runique en rouge.

Gardez ce talisman dans une pochette en velours avec vous en permanence (dans votre sacoche par exemple). Lorsque vous sentirez que certaines personnes sont plus virulentes par jalousie, en rentrant chez vous le soir, vous sortirez votre talisman et brûlerez une bougie bleue et un encens de lavande ou de santal de Mysore. Vous laisserez votre talisman à côté de la bougie durant tout le brûlage. Vous ajouterez ensuite les cendres de l'encens dans la pochette avec votre agate et garderez à nouveau votre talisman avec vous.

DONS ET POUVOIR

Avoir le pouvoir sur une situation

ANSUZ - URUZ - JERA

Allumez une bougie orange.

Pendant que la bougie brûle, sur un morceau de bois, vous dessinerez le mot runique. Puis avec un petit pinceau, enduisez le morceau de bois d'une huile spéciale « Influence ». Laissez sécher pendant au moins 48 heures.

Placez ce talisman dans le dossier ou l'affaire sur laquelle vous souhaitez avoir le pouvoir. Si c'est une affaire qui ne comporte pas de « témoin », vous garderez le talisman sur vous durant toute l'affaire pour laquelle il a été créé.

Lorsque ce sera fini, vous jetterez le talisman. Il ne peut servir que pour cette affaire. Pour une autre affaire, vous devrez refaire un nouveau talisman.

Talisman pour développer ses dons

FEHU - TYR - KANO

Sur une pierre de labradorite roulée, vous dessinerez en rouge, en tout petit, le mot runique.

Puis vous placerez cette pierre dans une cage à pierre sur un cordon assez long pour que la pierre arrive près de votre plexus. Le soir, vous poserez ce pendentif sur votre table de chevet.

Portez votre pendentif tous les jours.

Talisman de réussite

GEBO - TYR - LAGUZ

Gravez sur une bougie or le mot runique (pour cela, vous pouvez utiliser la pointe d'un stylo, cela grave très bien les bougies).

Sur une planchette de bois, dessinez en rouge le mot runique.

Sur l'autre face de la planchette, coulez un peu de cire de la bougie.

Laissez ce talisman à côté de la bougie jusqu'à la fin du brûlage.

Puis vous garderez ce talisman avec vous tout le temps.

Lorsque vous avez besoin d'un petit « coup de pouce » du destin, ressortez votre talisman, gravez sur une nouvelle bougie or le mot runique, et laissez brûler la bougie avec votre talisman à côté.

Développer ses dons pour la magie

ALGUZ - TYR - KANO - GEBO

Sur un morceau de bois plat, dessinez le mot runique avec un feutre rouge.

Sur l'autre face du bois, vous dessinez un pentacle, en prenant soin d'être à l'endroit par rapport à l'écriture du mot runique (pointe du pentacle vers le haut).

Enduisez votre bois d'huile magique d'Oliban. Laissez-le sécher 48 heures.

Deux jours plus tard, allumez une bougie grise et un encens Thot.

Installez-vous confortablement et prenez votre talisman en bois dans les mains. Laissez monter en vous l'énergie et la puissance émises par la bougie et l'encens. Profitez de ce moment au moins u quart d'heure, plus si vous le souhaitez.

Vous pourrez reproduire cette « prise d'énergie » de l'encens et de la bougie une fois par semaine ou une fois par mois, selon votre rythme d'utilisation de rituels magiques.

Développer ses dons de magnétiseur ou de guérisseur

GEBO - ANSUZ - LAGUZ

Avant toute pratique de guérison, dessinez à l'encre rouge le mot runique sur l'extérieur de vos deux poignets.

Pensez à brûler un encens de guérison dans le lieu où vous pratiquez (Notre dame de Lourdes, St Michel, Karinjee, etc.)

Développer son intuition et ses dons de voyance

KANO - PEORTH - LAGUZ

Sur une labradorite très plate, dessinez en rouge le mot runique.

Tous les soirs avant de vous endormir (pendant que vous lisez par exemple), posez la pierre sur votre front (3ème œil), le mot runique vers la peau. Vous pouvez aussi faire cette apposition de la pierre lorsque vous pratiquez votre méditation.

Pensez à brûler un encens de divination lors de vos pratiques.

Pouvoir de suggestion

FEHU - SIG - JERA

Attention de n'utiliser ce pouvoir qu'à des fins très positives.

Dessinez, avec un feutre rouge, le mot runique sur une pierre de jade.

À chaque fois que vous aurez besoin de votre pouvoir de suggestion, prenez juste avant votre pierre dans votre main droite, fermez les yeux et visualisez l'énergie de chaque rune qui entre dans la paume de votre main et va se loger dans votre plexus solaire.

Si vous avez besoin d'une force particulière à un moment donné, dessinez en plus le mot runique directement sur votre plexus solaire (faites un petit essai avant afin de vous assurer que vous ne faites pas d'allergie au feutre utilisé).

Méditation profonde

WUNJO - THORN - ANSUZ

Sur 5 morceaux de bois, dessinez le mot runique.

Lorsque vous vous positionnez pour votre méditation habituelle, placez les 5 morceaux de bois en rond parfait autour de vous et placez-vous bien au centre.

Médiumnité

GEBO - KANO - TYR - LAGUZ

Avant tout acte de médiumnité, de channeling, de mise en contact avec des entités supérieures, vous devez vous protéger. Allumer une bougie mauve pour l'élévation et une noire pour empêcher le canal à une entité négative. Allumer un encens « spiritual guide » ou faites brûler une huile de jasmin.

Dessinez le mot runique en rouge sur une pierre de cristal ou d'améthyste suffisamment grosse (au moins la taille de la paume de votre main, ou plus grande encore). Garder cette pierre sous votre main gauche lors de vos séances.

Rêves parlants

KANO - BERKANA - GEBO

Sur une pierre d'améthyste, de pierre de lune ou de malachite, dessinez les runes à l'encre rouge. Mettre le talisman runique sous votre oreiller la nuit.

Avant de vous endormir, demander que les messages nécessaires vous soient envoyés dans vos rêves.

Par contre, il vous faut dès le réveil noter votre rêve sur un calepin, car vous risquez de l'oublier très rapidement.

Rêves prémonitoires

TYR - BERKANA - GEBO

Sur une pierre de basanite ou d'améthyste, dessinez les runes à l'encre rouge. Mettez le talisman runique sous votre oreiller la nuit.

Avant de vous endormir, demandez que des messages prémonitoires vous soient envoyés dans vos rêves.

Si vous n'avez pas reçu de message la première nuit, recommencez le lendemain et le surlendemain, jusqu'à ce que les messages soient clairement mémorisés au réveil.

Par contre, il vous faut dès le réveil noter votre rêve sur un calepin, car vous risquez de l'oublier très rapidement.

Être populaire, apprécié

TYR - WUNJO - KANO

Sur une pierre que vous pourrez mettre dans une cage à pierre, dessinez le mot runique en rouge. Portez cette pierre sur vous chaque fois que vous jugerez que c'est nécessaire. Vous pouvez la porter sous vos vêtements afin qu'elle ne soit pas vue.

Comprendre son karma et l'assumer

KANO - GEBO - ODAL - DAGAZ

Sur un morceau de bois, ou sur une pierre de cérusite ou d'okénite, selon votre choix, dessinez en rouge le mot runique.

Tous les jours, lorsque vous prenez vos 10 minutes de détente ou pendant votre méditation quotidienne, prenez votre talisman runique dans votre main, fermez les yeux et visualisez une lumière orange qui enveloppe votre corps totalement. Puis pensez à votre karma et à ce qu'il vous fait vivre actuellement. Faites un point positif et analysez ce qui pourrait être fait pour améliorer ce karma.

Pratiquez cette introspection karmique quotidienne tous les jours pendant 28 jours. Vous devriez voir une amélioration dans votre vie.

Libération karmique de vie

KANO - GEBO - ALGUZ

Sur une pierre d'améthyste ou de danburite, dessinez le mot runique à l'encre rouge.

Tous les jours pendant un minimum de 10 minutes, allumez un encens Lotus et asseyez-vous dans un espace calme et relaxant. Personne autour de vous. Prenez cette pierre dans votre main et répétez lentement le mot runique 7 fois de suite : ***KANO, GEBO, ALGUZ.*** Puis visualisez une lumière violette qui entre par le haut de votre crâne et qui se répand dans l'ensemble de votre corps. Répétez en même temps, sans arrêt : ***« je suis libéré de mon karma ».***

Lorsque vous penserez, après plusieurs semaines de pratique que vous êtes réellement libéré, vous jetterez la pierre dans la mer, ou dans un lac, ou une rivière profonde.

POSITIVITÉ

Talisman de chance

FEHU - GEBO - WUNJO

Prenez une agate sur laquelle vous dessinez le mot runique. Gardez ce talisman en contact avec votre peau chaque fois que vous en avez besoin.

Faire tourner la roue de la vie, faire changer les choses

RAIDO - EOH - BERKANA
INGUZ

Soit vous avez un vieux jeu de tarot que vous n'utilisez plus dans lequel vous pouvez prélever la carte « la Roue de la Fortune », soit vous faites une impression de cette carte. Découpez les bords pour avoir la dimension d'une carte. Dessus, dessinez le mot runique en rouge. Au dos de la carte, écrivez votre prénom.

Tous les jours, vous allumerez une bougie orange. Vous poserez la carte à côté de la bougie, puis vous fermerez les yeux et visualiserez la roue de la carte qui se met à tourner, à tourner, de plus en plus vite. Vous visualiserez cela pendant 3 minutes environ

Vous laisserez brûler la bougie pendant environ 1 heure. Quand vous l'aurez éteinte (sans la souffler bien sûr), vous mettrez la carte dans un endroit où personne ne la touchera. Laissez la bougie éteinte, posée dessus jusqu'au lendemain.

Tous les jours vous rallumerez la bougie, poserez la carte à côté et visualiserez la roue qui tourne.

Bonheur

WUNJO - GEBO - TYR

Sur un de vos bijoux (bracelet d'acier ou autre bijou ayant un espace plat), dessinez à l'encre rouge ou à la peinture rouge le mot runique. Portez ce mot-bijou en permanence sur vous. Régulièrement, vous redessinerez le mot runique pour qu'il soit toujours bien actif.

Obtenir le pardon

PEORTH - ANSUZ - MANNAZ

Il vous faut soit un témoin de la personne dont vous espérez le pardon (photo, objet, etc.), soit un parchemin sur lequel vous écrirez le nom et le prénom de la personne en question. Puis, vous dessinerez en rouge le mot runique dessus.

Tous les jours, vous poserez les mains au-dessus de l'objet, en demandant : ***« Tu me pardonnes et ne gardes aucune rancœur contre moi »***. Pendant que vous pratiquez cet acte, pensez à envoyer des ondes d'amour vers la personne en question (pour faire cela, vous visualisez de l'énergie verte ou rose qui sort de votre plexus ou de votre cœur, et qui va directement dans le corps de la personne en question). Agissez jusqu'à ce que vous ayez obtenu le pardon.

Ramener une personne à la positivité et à une vie saine

KANO - JERA - EHWAZ

Il vous faut une photo de la personne. Sur la photo, vous dessinerez le mot runique à l'encre rouge.

Pendant 7 jours d'affilée, vous ferez brûler des mini-bougies : le premier jour une bougie orange, le deuxième jour une bougie blanche, le troisième une bougie rose, le quatrième une blanche, le cinquième une bleue, le sixième une blanche et le septième une bougie argent.

Vous devrez recommencer une semaine de brûlage avec les mini-bougies et avec la photo 3 semaines plus tard.

MENTAL

Développer les capacités d'expression

HAGALAZ - INGUZ - BERKANA

Sur une pierre de sodalite, dessinez en rouge le mot runique.

Environ 20 minutes par jour, vous poserez la pierre avec les runes du côté de la peau, sur la gorge.

Lorsque vous avez des discussions, des conversations, des réunions de travail, bref, tout moment qui vous met en communication avec d'autres personnes, vous porterez la pierre dans votre poche ou sur vous.

Calmer les angoisses et les peurs

TYR - PEORTH - URUZ

Sur l'intérieur de votre cheville gauche, en tout petit, dessinez en rouge le mot runique (faites un essai préalable pour être sûr que vous ne faites pas d'allergies à l'encre utilisée).

Puis sur une pierre de citrine, de quartz jaune ou d'onyx jaune, vous dessinerez ce même mot runique. Tous les soirs, avant de vous coucher, vous poserez ce talisman sur votre plexus solaire pendant 20 minutes, vous fermerez les yeux et vous visualiserez une lumière bleue qui entre dans votre corps par le haut du crâne et qui s'installe doucement dans l'ensemble de votre corps.

Pratiquez aussi souvent que vous le souhaiterez.

Apaiser les phobies

THORN - ISA - ODAL

Cet exercice est un peu particulier, car il va vous demander de la force pour surmonter doucement votre phobie. Cela est réalisable, mais il vous faudra être particulièrement patient et accepter que le temps soit votre allié le plus précieux pour gagner cette bataille.

Sur l'intérieur de votre poignet gauche, en tout petit, dessinez en rouge le mot runique.

Puis sur une pierre de prenhite ou de quartz rutile, vous dessinerez ce même mot runique.

Tous les soirs, avant de vous coucher, vous poserez ce talisman sur votre plexus solaire pendant 20 minutes. Puis vous fermerez les yeux et vous visualiserez une lumière bleue qui entre dans votre corps par le haut du crâne et qui s'installe doucement dans l'ensemble de votre corps.

Lorsque la lumière bleue est bien installée dans votre corps, posez la main sur votre pierre sur votre plexus. Imaginez-vous dans une situation qui provoque en vous cette phobie. Laisser l'angoisse s'installer un tout petit peu, mais à peine. Puis vous chassez l'image et la remplacez par une image qui vous fait du bien (une plage, un coucher de soleil, votre jardin, etc.).

Pratiquez aussi souvent que vous le souhaitez.

Chaque fois que vous risquez de vivre une angoisse ou une phobie, prenez votre talisman dans votre main et serrez-le bien fort, en fermant les yeux et en faisant venir l'image qui vous fait du bien dans votre esprit.

Calmer la peur de la mort

RAIDO - NAUTHIZ - DAGAZ

Il serait intéressant de rechercher l'origine de votre peur de la mort. Mais cela ne vous empêche pas de pratiquer l'application des runes.

Cet exercice vous aidera à mieux appréhender la mort.

Sur une pierre de cornaline, vous dessinerez le mot runique.

Tous les soirs, vous avant de vous coucher, posez ce talisman sur votre plexus solaire pendant 20 minutes.

Fermez les yeux et visualisez une lumière bleue qui entre dans votre corps par le haut du crâne et qui s'installe doucement dans l'ensemble de votre corps. Puis vous visualiserez une image qui vous fait du bien (une plage, un coucher de soleil, votre jardin...).

Pratiquez aussi souvent que vous le souhaiterez.

Chaque fois que vous vivez une angoisse ou une peur de la mort, vous prendrez votre talisman dans votre main et vous le serrerez bien fort, en fermant les yeux et en laissant venir l'image qui vous fait du bien dans votre esprit.

Concentration - Capacités intellectuelles

ODAL - ANSUZ - JERA

Il y a deux façons d'utiliser ce mot runique : pour une période précise ou pour relancer l'intellect.

Dans le premier cas, vous dessinerez sur une plaquette de bois, à l'encre rouge, le mot runique. Et vous garderez ce mot dans votre main ou dans votre poche dans les moments où vous en avez besoin. Pensez à le prendre dans la main quelques secondes régulièrement durant les périodes où vous en avez besoin.

Dans le deuxième cas, vous dessinerez sur une plaquette, à l'encre rouge, le mot runique. Vous le prendrez avec vous, dans votre main ou dans votre poche quand vous en avez besoin. En plus, vous demanderez l'aide d'une personne pour dessiner le mot runique au feutre rouge sur votre dos, au milieu du dos, au niveau des épaules (faites un petit essai avant sur un petit espace de votre peau pour vous assurer que vous n'êtes pas allergique).

Brûlez une bougie violette et laissez votre plaquette de bois à côté de la bougie quand vous n'en avez pas besoin pour la réénergiser.

Retrouver la joie de vivre

WUNJO - RAIDO - FEHU

Ce mot runique ne va pas résoudre tous vos problèmes ou effacer vos difficultés. Mais il va vous aider à voir les choses avec un peu plus de positivité et de bien-être intérieur.

À l'intérieur d'un de vos poignets, vous dessinerez le mot runique avec un feutre rouge. Redessinez régulièrement ce mot runique lorsqu'il s'efface. (Faites un petit essai avant sur un petit espace de votre peau pour vous assurer que vous n'êtes pas allergique)

Pour l'activer, vous devez vous installer confortablement. Posez 2 doigts de l'autre main sur votre mot runique, fermez les yeux et visualisez un moment de votre vie où vous avez été particulièrement heureux. Profitez de ce moment en magnifiant l'image, en l'éclaircissant, en vous rappelant les sons, les parfums, ce que vous avez ressenti.

Chaque fois que vous aurez besoin d'aide à votre moral, vous poserez les doigts sur votre mot runique et laisserez remonter en vous les émotions que vous avez ancrées dans ce mot runique.

Avoir du courage

URUZ - TYR - ANSUZ

Deux possibilités : Vous avez besoin de courage ponctuellement ou vous avez besoin de rehausser votre dose de courage personnel.

Dans le premier cas, vous dessinerez sur une plaquette de bois, à l'encre rouge, le mot runique. Et vous garderez ce mot dans votre main ou dans votre poche dans les moments où vous en avez besoin. Pensez à le prendre dans la main quelques secondes régulièrement durant les périodes où vous avez le plus besoin de courage.

Dans le deuxième cas, vous dessinerez sur une plaquette, à l'encre rouge, le mot runique. Vous le prendrez avec vous, dans votre main ou dans votre poche quand vous en avez besoin. En plus, vous dessinerez au feutre rouge sous vos talons de vos 2 pieds le mot runique (faites un petit essai avant sur un petit espace de votre peau pour vous assurer que vous n'êtes pas allergique). Vous dessinerez aussi sur votre plexus solaire le même mot runique en tout petit.

Brûlez une bougie orange et laissez votre plaquette de bois à côté de la bougie quand vous n'en avez pas besoin pour la réénergiser.

Dépasser la timidité

DAGAZ - INGUZ - SIG

Deux possibilités : Vous voulez dépasser votre timidité ponctuellement ou vous avez besoin de renforcer votre confiance personnelle.

Dans le premier cas, vous dessinerez sur une plaquette de bois, à l'encre rouge, le mot runique. Et vous garderez ce mot dans votre main ou dans votre poche dans les moments où vous en avez besoin. Pensez à le prendre dans la main quelques secondes régulièrement durant les périodes où vous avez besoin de force mentale.

Dans le deuxième cas, vous dessinerez sur une plaquette, à l'encre rouge, le mot runique. Vous le prendrez avec vous, dans votre main ou dans votre poche quand vous en avez besoin. En plus, vous dessinerez au feutre rouge sur votre plexus solaire le mot runique (faites un petit essai avant sur un petit espace de votre peau pour vous assurer que vous n'êtes pas allergique). Tous les jours, vous ferez une pause d'environ 10 minutes, durant laquelle, en écoutant de la musique relaxante, vous poserez vos 2 mains sur votre plexus solaire, fermerez les yeux et visualiserez une forte lumière orange entrant dans votre corps par le haut du crâne et imprégnant tout votre corps, et lorsque le corps sera rempli, la lumière ressortira puissamment par le plexus solaire et illuminera tout l'avant de votre corps, et votre timidité s'évadera par là. Vous vous renforcerez et prendrez confiance en vous, car vous le méritez. Ressentez cette nouvelle version de vous.

Brûlez une bougie orange et laissez votre plaquette de bois à côté de la bougie quand vous n'en avez pas besoin pour la réénergiser.

Faire le bon choix

JERA - LAGUZ - ALGUZ

L'idéal est d'utiliser un témoin. Soit vous utilisez le témoin sur lequel vous poserez un parchemin avec le mot runique dessiné en bleu dessus, soit vous pouvez faire une copie de votre témoin et vous dessinerez directement dessus le mot runique. Brûlez une bougie pourpre ou une bougie grenat à côté de votre témoin marqué avec le mot runique. Tous les jours, vous poserez les mains au-dessus de votre mot runique et vous demanderez que le meilleur choix vous soit imposé. Tous les jours, voire plusieurs fois par jours, vous allumerez la bougie, puis vous poserez les mains au-dessus du mot runique et vous demanderez que vous soit donnée la solution du meilleur choix.

Soyez attentif aux messages qui vont vous arriver.

Devenir plus zen, plus calme

ISA - BERKANA - JERA

Deux possibilités : Vous voulez vous rendre plus calme ponctuellement ou vous avez envie de devenir de plus en plus zen.

Dans le premier cas, vous dessinerez sur une plaquette de bois, à l'encre rouge, le mot runique. Et vous garderez ce mot dans votre main ou dans votre poche dans les moments où vous en avez besoin. Pensez à le prendre dans la main quelques secondes régulièrement durant les périodes où vous avez besoin de calme et de sensation zen.

Dans le deuxième cas, vous dessinerez sur une plaquette, à l'encre rouge, le mot runique. Vous le prendrez avec vous, dans votre main ou dans votre poche quand vous en avez besoin. En plus, vous dessinerez au feutre rouge le mot runique à l'intérieur de l'un de vos poignets (faites un petit essai avant sur un petit espace de votre peau pour vous assurer que vous n'êtes pas allergique). Tous les jours, vous ferez une pause d'environ 15 minutes, pendant laquelle, en écoutant de la musique relaxante, vous poserez vos 2 mains sur votre plexus solaire, vous fermerez les yeux et vous visualiserez une forte lumière bleue qui entre dans votre corps par le haut du crâne et qui s'imprègne dans tout votre corps, et lorsque le corps est rempli, la lumière ressort puissamment en couleur violette par le plexus solaire et illumine tout le devant de votre corps. Relâchez toute la pression qui est en vous pendant cet exercice. Imaginez que vous êtes dans un ashram indien et que votre corps, votre esprit, l'ensemble de votre être se transforme au fur et à mesure de vos pratiques. Vous devenez de plus en plus sensible au bien-être que cela vous apporte.

Brûlez une bougie violette et laissez votre plaquette de bois à côté de la bougie quand vous n'en avez pas besoin pour la réénergiser.

Développer l'empathie

GEBO - ALGUZ - WUNJO - LAGUZ

Vous avez besoin de mieux comprendre les autres, ou vous souhaitez mieux les aider. Alors, dessinez ce mot runique en rouge sur un parchemin que vous garderez sur vous en permanence. Tous les soirs, vous le poserez à côté d'une bougie rose que vous brûlerez pendant environ 1 heure.

Confiance en soi

INGUZ - KANO - RAIDO

Deux possibilités : Vous voulez souhaiter avoir confiance en vous de manière ponctuelle, ou bien vous avez besoin de renforcer votre confiance en vous de façon permanente.

Dans le premier cas, vous dessinerez sur une pierre de fluorite à l'encre rouge, le mot runique. Vous garderez cette pierre dans votre main gauche chaque fois que vous aurez besoin d'avoir confiance en vous. Si vous souhaitez être discret, vous la mettrez dans votre poche gauche et vous la toucherez chaque fois que vous en ressentirez le besoin.

Dans le deuxième cas, vous dessinerez sur une pierre de calcédoine rose le mot runique à l'encre rouge. Tous les jours pendant quelques instants, vous allez prendre la pierre dans votre main gauche. Vous vous installerez confortablement, avec une musique douce que vous aimez, une bougie orange allumée non loin, et un encens de myrrhe.

Vous fermez les yeux et vous vous détendez. Prenez contact avec votre pierre dans votre main gauche. Laissez l'énergie de la pierre entrer dans votre main et remonter dans votre bras, puis s'installer dans tout votre corps. Visualisez cette énergie avec une couleur bleue. Puis lorsque vous avez fini d'installer l'énergie dans votre corps, vous passerez la pierre dans votre main droite, puis vous visualiserez l'énergie du mot runique qui entre dans votre main droite, puis dans votre bras, pour s'installer enfin dans tout votre corps. Vous visualiserez cette énergie avec une couleur orange.

Lorsque vous aurez terminé, vous garderez cette pierre avec vous, jusqu'à la prochaine session de relaxation (le lendemain).

Pratiquez tout cela aussi longtemps que vous le jugerez nécessaire. Et lors de périodes où vous en avez besoin, prenez votre pierre dans votre main gauche pour prendre l'énergie de la confiance.

Si vous ratez un jour de temps en temps, ce n'est pas bien grave, mais soyez quand même le plus régulier possible pour avoir des résultats.

Avoir une grande force mentale

TYR - URUZ - SIG

Dessinez le mot runique sur une pierre d'onyx noir.

Vous garderez la pierre avec vous en permanence, dans un espace où la pierre est en contact avec votre peau. Le soir vous mettrez la pierre sur votre table de chevet, jusqu'au lendemain.

SOCIAL

Attirer l'amitié et la sympathie

FEHU - TYR - WUNJO - ODAL

Pour cela, il faut traiter sur 3 niveaux : le domicile, le lieu de travail et vous.

Pour la maison, vous dessinerez sur 4 plaquettes de bois le mot runique. Vous déposerez ces 4 mots runiques à chacun des angles extérieurs de votre maison si c'est une villa, et à chacun des angles intérieurs si c'est un appartement. Déposez un peu de sel de l'Himalaya dessus.

Pour le bureau, vous dessinerez un mot runique au-dessus de la porte qui y mène. Si vous travaillez dans une boutique, arrangez-vous pour dessiner le mot runique discrètement dans un angle de la boutique, dans un endroit que personne ne repérera. Idem si vous travaillez dans un atelier. Si vous êtes sur la route (commercial), vous garderez le mot runique avec vous, dessiné sur du bois.

Pour vous directement, vous dessinerez le mot runique sur un parchemin. Vous brûlerez une bougie rose et laisserez le parchemin à côté de la bougie. Dites en allumant la bougie : ***« De plus en plus de personnes sympathiques s'intéressent à moi et m'offrent leur amitié. Je suis honnête avec leurs sentiments et je leur donne le meilleur de moi-même en retour. »***.

Pratiquez cette demande en rallumant votre bougie pendant 7 jours. Ensuite, vous pourrez renouveler le rituel toutes les semaines.

Renouer un lien (amour, amitié, relation, travail...)

BERKANA - MANNAZ - PEORTH

Il vous faudra un témoin, de préférence une photo de la personne avec qui vous voulez renouer. Si vous n'avez vraiment rien, vous noterez son nom sur un parchemin. Vous dessinerez le mot runique au dos de la photo ou du parchemin.

Brûlez une bougie argentée à côté du témoin, en répétant 7 fois : ***« Je te pardonne, tu me pardonnes, et***

nous avons la chance ensemble de retrouver notre confiance mutuelle. L'amour est plus fort que tout ».

Laissez brûler la bougie environ 1 heure, ou plus si vous le souhaitez.

Recommencez le lendemain et les jours qui se suivent pendant une lunaison (28 jours). Si vous avez renoué avec la personne avant, n'arrêtez pas le processus, allez au bout des 28 jours. Lorsque votre bougie est finie, bien sûr, recommencez avec une nouvelle.

Si vous n'avez pas renoué au bout de 28 jours, laissez passer une semaine (7 jours précisément) et recommencez, si vous le souhaitez toujours.

Recevoir de l'aide des autres

ODAL - MANNAZ - GEBO

Vous avez besoin de l'aide des autres pour un problème précis.

Vous devez avoir un témoin qui reflète le problème en question. Trouvez n'importe quoi d'important qui sera le témoin de votre problème.

Vous allumerez une bougie or sur laquelle vous aurez gravé le mot runique dans la hauteur de la bougie (pour graver, vous pouvez utiliser la pointe d'un stylo à bille, ça fonctionne très bien).

Dessinez aussi le mot runique sur votre témoin . Si vous ne pouvez pas le faire directement, vous le dessinerez sur un post-it que vous collerez sur le témoin.

Tous les jours, à la même heure précisément, vous allumerez votre bougie en demandant : ***« Que l'aide qui m'est nécessaire pour résoudre cela me soit envoyée ici et maintenant. Merci »***. Pointez du doigt votre témoin en disant ***« cela »***.

Laissez brûler votre bougie pendant 1 heure environ.

Vous recommencerez le même rituel tous les jours à la même heure, jusqu'à la résolution de votre problème.

REMERCIEMENTS

À qui devrions-nous dire merci pour nous avoir permis d'écrire ce livre ?

À Odin certainement et à tous les druides du passé et du présent qui continuent d'utiliser ces merveilleuses runes et qui permettent à la tradition de se perpétuer.

Merci à nos lecteurs et à notre clientèle d'être toujours avide de nouveauté parmi les éléments traditionnels et de nous faire confiance pour vous guider à travers ce monde mystique qui nous passionne toujours autant.

Table des matières

Patrick Guérin
Magie d'Influence pour l'amour
Editions
BUSSIERE

Patrick Guérin
Magie d'Influence et de Contrôle
Editions
BUSSIERE

Liliane Souvay
Astrologie
Signes, ascendants,
compatibilités
Editions
BUSSIÈRE

Patrick Mabrier
J'UTILISE MON
TAROT
LE COMPRENDRE ET LE FAIRE PARLER
XVIIII
XVII
XVIII
Editions
BUSSIÈRE

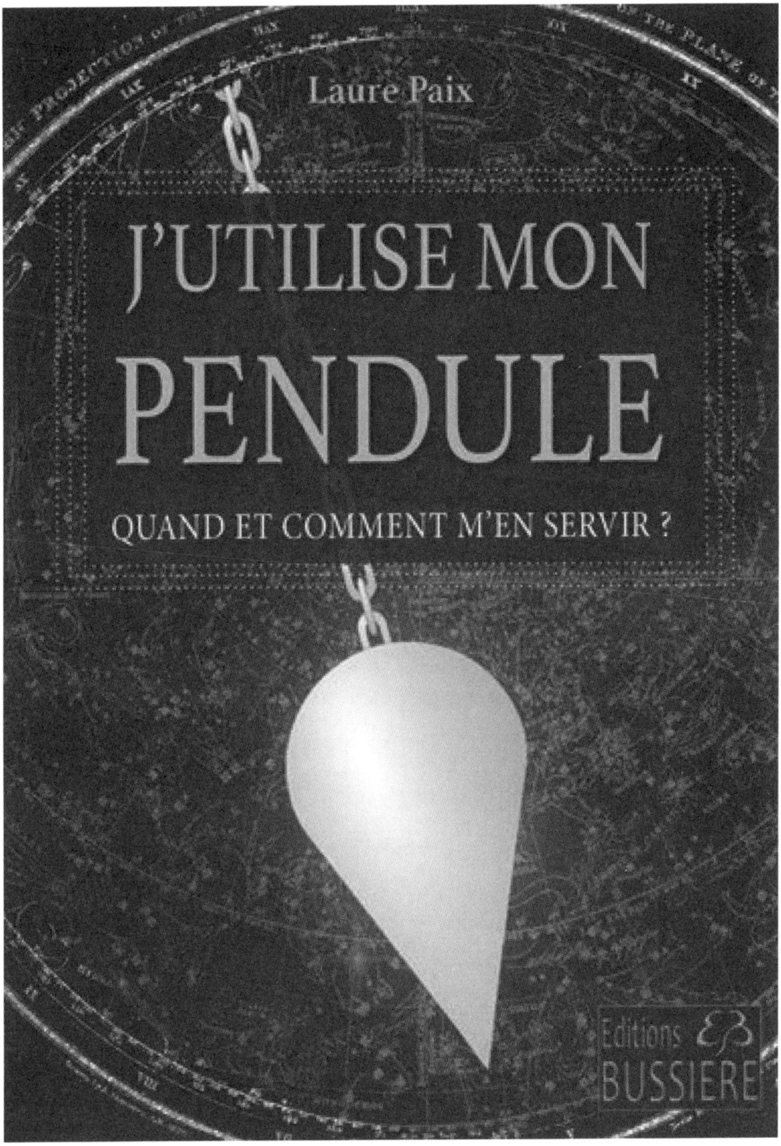
Laure Paix
J'UTILISE MON
PENDULE
QUAND ET COMMENT M'EN SERVIR ?
Editions
BUSSIERE

Pamela Moore
LE LIVRE DES
BOUGIES
Editions
BUSSIERE